男性の育休

家族・企業・経済はこう変わる

小室淑恵／天野 妙
Komuro Yoshie / Amano Tae

PHP新書

はじめに

現在、日本の人口は加速度的に減少しています。二〇一九年の出生数は前年比五万人減の約八六万人。一八九九年の統計開始以来、最少を記録しました。

人口減少は、日本経済に深刻な影響を及ぼすと危惧されています。元ゴールドマン・サックスのトップアナリストとして知られるデービッド・アトキンソン氏は、「**日本の失われた二〇年は人口減少が主な原因**」と指摘。また、ノーベル賞を受賞した経済学者のポール・クルーグマン氏も、「日本の生産年齢人口は年1％以上縮小している。これは経済の低迷に直結する」と警鐘を鳴らしています。

政府もこれまで様々な少子化対策を講じてきましたが、残念ながら結果はふるわず、人口減少は政府の予想よりも二年前倒しのスピードで進んでいます。

男性育休がもたらす様々なメリット

そんな止まらない少子化改善への突破口として、筆者天野と本書の共著者である小室が取り組んでいるのが、男性育休の普及・促進です。

男性の育休取得を促進することが、なぜ少子化対策に寄与するのか。その詳細は後の章に委ねますが、大きな理由の一つは、男性の家事・育児時間が長いほど、第二子の出生率が上がることが分かってきたからです。つまり、**「男性の家庭進出」が進むほど、出生数が増加するというわけです。**

また、産後の女性を苦しめる**「産後うつ」**への対策としても、「男性の家庭進出」が求められています。産後うつは出産した女性の一〇人に一人が発症すると言われるほど身近な問題です。産後一年未満に死亡した妊産婦の死因の第1位は自殺ということも明らかになっており、二〇一五～一六年までの二年間で九二人、平均すると一週間に一人の母親が、乳児を残して自ら命を絶っているのです。産後うつは産後二週間をピークに発症することが多いため、その期間に男性が育休を取得し、妻を物理的にも精神的にも支えることは非常に重要だと言えるでしょう。

「男性の家庭進出」によってもたらされる、企業側のメリットも見逃せません。育休をきっかけに、時間内で成果を上げて家庭にコミットしようという意識が高まれば、時間当たりの生産性が向上します。さらに、職場以外での経験を積むことで、多様な視点を醸成することになり、**企業のイノベーション創出のきっかけにもなる**と考えられています。

さらに、男性が育休を取りやすい制度や企業風土は、**優秀な若手人材の採用や定着**にもつながります。ここ数年、若い世代を中心に、男性育休の取得希望者が増加しています。今、男性新入社員の約八割が「子どもが生まれた時には、育休を取得したい」と希望し、女子学生の約九割が、「将来の夫に育休を取得してほしい」と望んでいるのです（第2章で詳述）。

こうした社会的背景から、先見性のある企業ほど、〝戦略的〟に男性育休を推奨する動きが出てきています。

男性育休の取得、ひいては男性の家庭進出を促すことは、社会全体にとってもメリットが大きいと言えるでしょう。「男性育休を広めていくことは、様々なバックグラウンドを持つ人、皆が幸せになれる社会への第一歩」だと筆者たちは考えています。

男性育休ムーブメントはこうして生まれた

このように八方よしとも言える「男性育休」ですが、残念ながら、実際の男性育休取得率は二〇二〇年時点でわずか「7・48％」と非常に低い数字です。二〇二〇年には小泉進次郎環境大臣が現役大臣としては初となる育休を取得するなど、男性育休への関心は数年前と比べると格段に高まっています。とはいえ、希望者が全員取得できる状況とは言いがたく、男性育休はまだ一般的ではないのが現状です。

そこで、筆者たちが取り組んでいるのが **「男性育休の義務化」** です。

筆者の天野妙は、企業の女性活躍・ダイバーシティ推進のコンサルタントを本業としています。また、政策起業家としても活動しており、自身が会社員時代に子どもが待機児童になったことや、マタニティハラスメント（マタハラ）を受けたこと、育児と介護のダブルケアを経験したことなどから、子育てしやすい社会を目指し「みらい子育て全国ネットワーク」

というプロボノ団体を起ち上げ、国会でも三度参考人・公述人として意見陳述しました。待機児童数ゼロの実現やジェンダーギャップ解消を働きかける活動の中で、これらの問題の解消には、男性育休の推進が必要不可欠だという結論に至りました。

本書の共著者である、株式会社ワーク・ライフバランス代表の小室淑恵は、二〇〇六年に産後三週間で起業し、長年ワーク・ライフバランス（仕事と生活の調和）を提唱してきました。これまでに三〇冊を超える著書を出版。さらに、一〇〇〇社以上の企業や自治体の働き方改革コンサルティングを手がける傍ら、残業時間の上限規制などを政財界へ働きかけ、二〇一八年には働き方改革関連法案を審議する国会で参考人として陳述しました。

別々に活動をしていた筆者二人が「これこそが社会を変えるレバレッジポイントとなる」と辿り着いたのが男性育休です（レバレッジポイントとは、梃子《てこ》の原理で小さな力が大きな結果を生む点のこと）。

筆者二人は、病児保育サービスを手がける認定ＮＰＯ法人フローレンス代表理事の駒崎弘樹氏によって出会い、男性育休ムーブメントを進めるべく「男性育休義務化プロジェクト」を開始しました。その後国会議員とともに議論を深め、二〇一九年六月には自民党の有志議員によって「男性の育休『義務化』を目指す議員連盟」が発足され、筆者たちは、民間アドバイザーとして参画しました（議員連盟とは、国会議員が一定のテーマを議論し、法制化を進めるために作られる団体）。

議連は発足当初より、政界やメディアから異例の注目を集めました。第一回目の会合には下村博文元文科大臣や加藤勝信厚労大臣、松野博一元文科大臣など、大臣経験者の重鎮議員を含む五五人が集結。メディアの記者も五〇人以上が駆けつけ、ニュースを賑わせました。その後、日本の成長戦略の指針となる「骨太の方針二〇一九」に「男性の育児休業取得を一層強力に推進する」という記述が加わったのも、議連の活動の成果だと言えるでしょう。

その後議連に続いて自民党内部で「育休のあり方検討ＰＴ（プロジェクトチーム）」が発足されました。ＰＴとは、少数精鋭の議員と省庁の官僚を交え、法制化の実現に向けた具体的な議論を進める場であり、男性育休というテーマが政策アジェンダの中心に入ってきたと言っても過言ではありません。これまで筆者天野・共著者小室は、待機児童数ゼロの実現や労働基準法改正に向けて、経済界や政界へ数多くの地道な働きかけを行なってきましたが、今回の政界の動きは、稀に見るスピード感です。世論の後押しも強く、男性育休が現在の日本に必要な施策であることを改めて痛感することになりました。

正しく「男性育休」を知ってもらいたい

とはいえ、「ウチの会社には制度がないから……」「男が育休なんて妻にも子どもにも迷惑」といった素朴な「誤解」から発せられる声は、いまだに筆者たちの耳に頻繁に入ってきます（第1章で詳述していますが、法律で定められている男性育休は、企業ごとの制度の有無に関係なく取得できます）。

本書では、まずは読者に男性育休に関する基本的知識をお伝えしつつ、筆者たちそれぞれの専門領域、すなわちダイバーシティ推進・働き方改革の知見を交え、さらにプロジェクトを推進する過程で得た現場の声を拾い上げながら、包括的に論じていきます。男性育休の論点を整理し、「なぜ必要か」「なぜ取得者が増えないのか」「どうすれば取得が広がるか（取得できるか）」を分かりやすくお伝えするよう、心がけました。

実際に育休を取得しようとしている男性や、育休取得を希望する男性部下を持つマネジメント層、夫に育休を取得してほしいと考えている女性、企業で制度設計に携わる経営者や人事担当者などに幅広く役立つ内容を目指しています。

最後に、簡単に本書の構成をご紹介します。第1章では、男性育休に関する代表的な「7つの誤解」を紐解き、基本的な制度や知識を解説します。第2章では様々なデータや統計をもとに、日本の労働環境を概観し、男性育休が広がらない実態とその要因を明らかにします。そして第3章では、男性育休の推進が企業や社員にもたらすメリットを解説します。

第4章では、なぜ今、男性育休の義務化が必要なのかという理由を論じます。最後の第5章では、議論が進んでいる「男性育休義務化」の具体的な制度に焦点を当て、議連の民間アドバイザーである筆者たちが提唱している提言を詳説します。

なお、第1章から3章は天野妙が、第4章から5章は小室淑恵が担当しています。

本書を通じて、正しく男性育休を知ってもらい、義務化への理解を深めてもらえたら、筆者たちにとってこれ以上の喜びはありません。

天野　妙

男性の育休

目次

はじめに　3
男性育休がもたらす様々なメリット　4
男性育休ムーブメントはこうして生まれた　6
正しく「男性育休」を知ってもらいたい　9

第1章　男性育休にまつわる7つの誤解　天野　妙

誤解1　「育休で収入がなくなったら生活が立ち行かない」……23
↓
平均的な会社員なら九割程度の手取り収入が保障される

誤解2　「男性が育休を取っても、家庭でやれることは少ない」……27
↓
乳幼児期に男性ができること、役立つことはたくさんある

育休はその後のライフスタイルが変わるきっかけに　30
夫婦の関係性を決めるのは乳幼児期　33

誤解3 「共働きの家庭でないと育休は取れない」……36
↓
専業主婦家庭でも夫の育休は可能

誤解4 「大企業にしか男性育休の制度はない」……39
↓
育休は申請すれば全ての社員が取得できる
就業規則になくとも育休は取得可能　41

誤解5 「休むのに給付金をもらうと、会社に金銭的負担をかける」……45
↓
給付金は社会保険料から支払われるので会社の金銭的負担はない

誤解6
「一年間も休んだら、職場の仕事が回らなくなる」……48
⬇男性の育休期間は柔軟性が高く、大きな支障が出ない形で取得可能
誤解7
「一時的にせよ担当業務を引継ぐと会社に迷惑がかかる」……51
⬇業務の棚卸や非・属人化は経営上大きなメリット

第2章 データで見る男性育休の課題と背景

天野 妙

日本の少子化をマクロ視点で見る……59
少子化日本の出生率目標は1・8。人口をキープするのに必要な数値は2・07 59
理想の数の子どもを持たない理由 62
正の相関? 出生率×就業率 64

日本の労働市場のM字カーブとL字カーブ　65
女性が退職で失う賃金は約二億円　67
日本人夫の家事育児時間は妻の五分の一。家事時間はフランス人夫の三分の一　70

日本の男性育休をマクロ視点で見る……73

日本の男性育休取得率の推移　73
諸外国の男性育休制度と取得状況　75
日本の男性育休は二週間以内が主流　78
日本の制度は世界一？　有償の産休・育休取得可能週数三〇週　79

結婚・出産・子育てしたくない——何が若者を阻んでいるのか？……83

幻の赤ちゃんを抱く女性たち　83

将来の夫に育休の取得を希望する女子学生は九割　86
新入社員の男性約八割が育休取得を希望　87
男性中堅社員たちも約九割が育休取得希望　88
「取得しづらい空気」に苦しむ男たち　89

第3章　男性育休が企業にもたらすメリット　天野　妙

時代はイノベーション人材を求めている　95
人材不足の切り札としての男性育休　97
「採用に困ることはない」と言い切る、新潟の中小企業　99
男子就活生に人気の企業は、男性育休の取得率が高い　100
男性育休がもたらす変化①　時間当たりの生産性が高い働き方にシフト　102

男性育休がもたらす変化② 会社へのエンゲージメントとロイヤルティの向上 104
男性育休がもたらす変化③ 周囲の社員や部下の成長機会に 108
男性育休がもたらす変化④ 部下の育休で上司のマネジメント力が向上 111
高い男性育休取得率を誇る企業から学ぶ、導入の知恵 113
男性育休に消極的であることの経営上のリスク 117
価値観を変えないマネジメント層は責任を問われる時代 120

Column
男性育休取得の最後の障害は、ボーナスと昇進？ 天野 妙……123
育休中・育休後のボーナス・昇進はどうなる？ 123
育休取得が賞与・昇進に影響するかどうかは、各企業の人事制度次第 126

第4章　なぜ今、男性育休「義務化」なのか　小室淑恵

夫の家事育児時間の短さが、日本の少子化の根本要因　133
少子化対策には、企業への働きかけが急務　136
啓発活動の限界を実感したイクメンプロジェクト　139
企業の人材評価ルールが変わり、男性育休が現実的に　143
経営トップは、実は男性育休に反対していない？　149
少子化対策を加速させるためには、義務化が必要　154
義務化は、誰への義務なのか　156
平成は〝女性活躍の時代〟。令和は〝男性の家庭活躍の時代〟へ　159

第5章　義務化で変わる男性育休　小室淑恵

提言①　企業の周知行動の報告の義務化　162
提言②　取得率に応じたペナルティやインセンティブの整備　166
提言③　有価証券報告書に「男性育休取得率」を記載　168
提言④　育休の一カ月前申請を柔軟に　171
提言⑤　男性の産休を新設し、産休期間の給付金を実質100％へ　173
提言⑥　半育休制度の柔軟な運用　178
提言⑦　育休を有効に活用するための「父親学級」支援策　180

おわりに 186

男性育休義務化への原点 186
一人の育休取得が、社会全体を変えるきっかけに 190
個人の選択が社会を良くすることにつながる世界へ 192

参考文献・記事一覧

第1章

男性育休にまつわる7つの誤解

天野 妙

二〇二〇年現在、日本での男性育休取得率はわずか7％に過ぎず、まだ制度の定着というには程遠い状況です。その要因は様々ですが、一つには男性育休にまつわる多くの〝思い込み〟があると筆者は考えています。

実際、「男性が育休を……」と言っただけで、「長期間会社を休まれると困る！」と開口一番に言う中間管理職や、「育休を取りたい気持ちはあるのですが、会社に迷惑がかかるので……」とつぶやく若手社員、「私は専業主婦だから夫は育休を取れません」と答える主婦など、反応は様々です。こうした反応も、制度を理解する前の単純な「誤解」からきていることが少なくありません。

そこで本章ではまず、男性育休にまつわる代表的な7つの誤解を取り上げ、それを解説する形で、男性育休の基礎知識をお伝えしていきたいと思います。

誤解1 「育休で収入がなくなったら生活が立ち行かない」

↓平均的な会社員なら九割程度の手取り収入が保障される

最初は、収入に対する誤解です。「育児休業を取得したら収入がゼロになってしまう」という誤解から育休取得を断念する男性もいるそうです。しかし実際は、会社員の場合、現行制度では一八〇日間、**月給の67％分が雇用保険から育児休業給付金として支払われます。**「住宅ローンもあるし67％では心もとない」といった声もよく耳にします。しかし、育児休業期間中は雇用保険などの社会保険料が免除されるため、実際の**手取り額で比較すると八〜九割の収入が保障**されます。そのうえ、毎日のランチ代や飲み会代など、減る出費もあるため、実質は一割減程度となり、生活に大きな支障はないという声もありました。

表のモデルケースは年収六〇〇万円の会社員が二カ月間の育休を取得したと仮定した場合です。表からも分かるように、**可処分所得の減少は実質４％**でした（表１－１）。

1-1　2カ月間育休を取得した場合の可処分所得の差額はわずか4%

【モデルケース】	
年齢:30歳	冬季賞与(12月):60万円
給与月額:40万円	通勤手当:無し
夏季賞与(7月):60万円	標準報酬月額:41万円

	育児休業を取得しない場合	2カ月間育児休業を取得し、支給率67%の給付金をもらった場合	補足説明
収入(A)	6,000,000	5,000,000	2カ月休業のため、ボーナスは12月に3分の2を支給
給与所得控除(B)	1,640,000	1,440,000	
その他控除(C)※1	1,359,996	1,213,330	※1【基礎控除+社会保険料】にて算出
(内訳)基礎控除	(480,000)	(480,000)	
(内訳)社会保険料※2	(879,996)	(733,330)	※2社会保険料は収入(A)に基づき算出
課税所得(A-B-C)	3,000,004	2,346,670	
所得税	202,500	137,167	【課税所得】に基づき算出
住民税(翌年)	310,000	244,667	【課税所得】に基づき算出
社会保険料	879,996	733,330	休業期間中は社会保険料が免除
可処分所得(a)	4,607,503	3,884,836	【収入(A)-所得税-住民税-社会保険料】にて算出
給付金(b)	0	536,000	40万円×67%×2カ月
実質可処分所得(a+b)	4,607,503	4,420,836	可処分所得の変化は-4%(186,667円)

※配偶者（特別）控除及び年少扶養控除（住民税）の考慮をしない。
※標準報酬月額は社会保険料の算出の際に使用する。
※育児休業を８月から９月までの２カ月間取得するものとする。
※住民税については翌年の税額にて比較する。当年の収入に基づき翌年の税額が決定されるため。
出典：筆者作成

ただし、支給期間については注意しなければいけません。給与の67%が支給されるのは産後一八〇日までで、一八一日目以降は50%となるからです。また、給付金には月額三〇万円程度の上限も設定されています。実は、このパーセンテージや上限額は何度も見直しがなされており、筆者が最初に育休を取得した二〇〇八年頃の支給割合は今よりも低く、給付方法も異なっていました。年々制度が手厚くなってきています（とはいえ、それにもかかわらず取得率が伸びていないのは問題です）。

その他、最近では独自に男性育休制度の充実を図る企業が出てきました。積水ハウスは、二〇一八年に男性社員の一カ月間の育休取得を必須化し、さらに満額の給与補償を行なう充実ぶりです。また、リクルートでは、子どもが一歳になるまでの期間であれば、分割取得が可能な有給休暇が二〇日分加算されるという制度を、二〇一六年から一部のグループ会社で導入しました。男性育休は、女性活躍・ダイバーシティ推進に積極的に取り組んでいる企業が、制度充実を図ろうと努めている分野なのです。

なお、非正規雇用の男性社員の場合、育休が取れないと思われるかもしれませんが、復帰後も継続して雇用の予定があることなど、多少の条件付きではあるものの取得が可能です。

一方、フリーランスで働く男性の育休については大きな課題があります。政府は柔軟な働き方の一つとして、フリーランスという労働形態に期待を寄せています。しかし、フリーランスで働く労働者（雇用保険非加入の労働者）は、財源が雇用保険である育児休業給付金の対象外であり、それに代わる休業補償も存在しません。仕事を休んで育児をする期間の収入がゼロとなってしまうため、男女問わず、フリーランスで働きながら育児をする方にとっては経済的に厳しい環境というのが現状です。フリーランス労働者の訴えにより二〇一九年から産休育休期間中は社会保険料が免除となりましたが、現行の給付金等に関する制度が変更されるには、まだまだ時間がかかると考えておいた方が良いかもしれません。

こうした正社員以外の労働者の育休制度は、今後の大きな政策課題の一つであることは間違いありません。しかし、正社員の方に限って言えば、収入保障があるため、育休を取得しても収入がゼロになるわけではないのです。なお、育休制度は法律婚の夫婦だけでなく、事実婚の夫婦にも法律上は同様に保障されます。

誤解2 「男性が育休を取っても、家庭でやれることは少ない」

↓ 乳幼児期に男性ができること、役立つことはたくさんある

この言葉は本当によく耳にします。しかし、三児の母である筆者の天野に言わせれば、男性が育休中にできること、妻に喜ばれて役に立てることは山ほどあります。

たとえば、新生児のおむつの交換です。新生児は一〜三時間ごとにおむつ交換が必要ですので、家にいる夫が替わってくれたら、妻はそれだけで助かります。また、授乳（ミルク）も同じ間隔でありますし、着替えも頻繁に必要です。新生児のケアが苦手な場合は、洗濯担当になってくれるだけでも喜ばれるでしょう。

新生児のケアだけでなく、産後の妻の身体をケアする役目も重要です。新生児を抱えた生活は、まさに猫の手も借りたいほどの目まぐるしさ。夜も授乳とおむつ替えで妻はまとまった睡眠をとることができません。夜中の子守りを夫に頼みたくとも、次の日夫が仕事に行く

と思えば、妻はどんなに寝不足でも夫に子守りを任せることに躊躇《ちゅうちょ》してしまいます。もし、夫が育休中であれば分担しやすくなり、妻はまとまった睡眠をとることができます。

「はじめに」でも触れましたが、最近明らかになったのは、**産後の女性の一〇人に一人は産後うつを発症する**ということ。産後うつは、乳児虐待や本人の自殺にもつながりかねない深刻な病気です。産後うつの原因は、出産直後のホルモンバランスの乱れと、授乳などによる睡眠不足や生活リズムの乱れであると言われています。夜中の授乳と夜泣きの対応を育休中の夫が担当することは、母体保護の観点からも極めて重要なのです。そのためか、育休を取得しきちんと家事育児を行なった当事者の男性から、「男が育休を取っても意味がない」といった言葉を耳にしたことは一度もありません。

とはいえ、子育てを夫に頼らずに「ワンオペ育児」（家事育児の全てを一人でこなす状態のこと）で乗り越えた女性たちからは、「夫は役に立たない」「夫が育休を取っても子どもが一人増えるだけ」という意見が出ることもあります。実際、総務省の「社会生活基本調査」によれば、妻が仕事をしている・していないにかかわらず、六歳未満の子どもを持つ男性で家事育児時間がゼロの人は、約七割もいます（図1−2）。しかも図を見ると分かる通り、家事

1-2　6歳未満の子どもを持つ夫の家事・育児を行なう割合

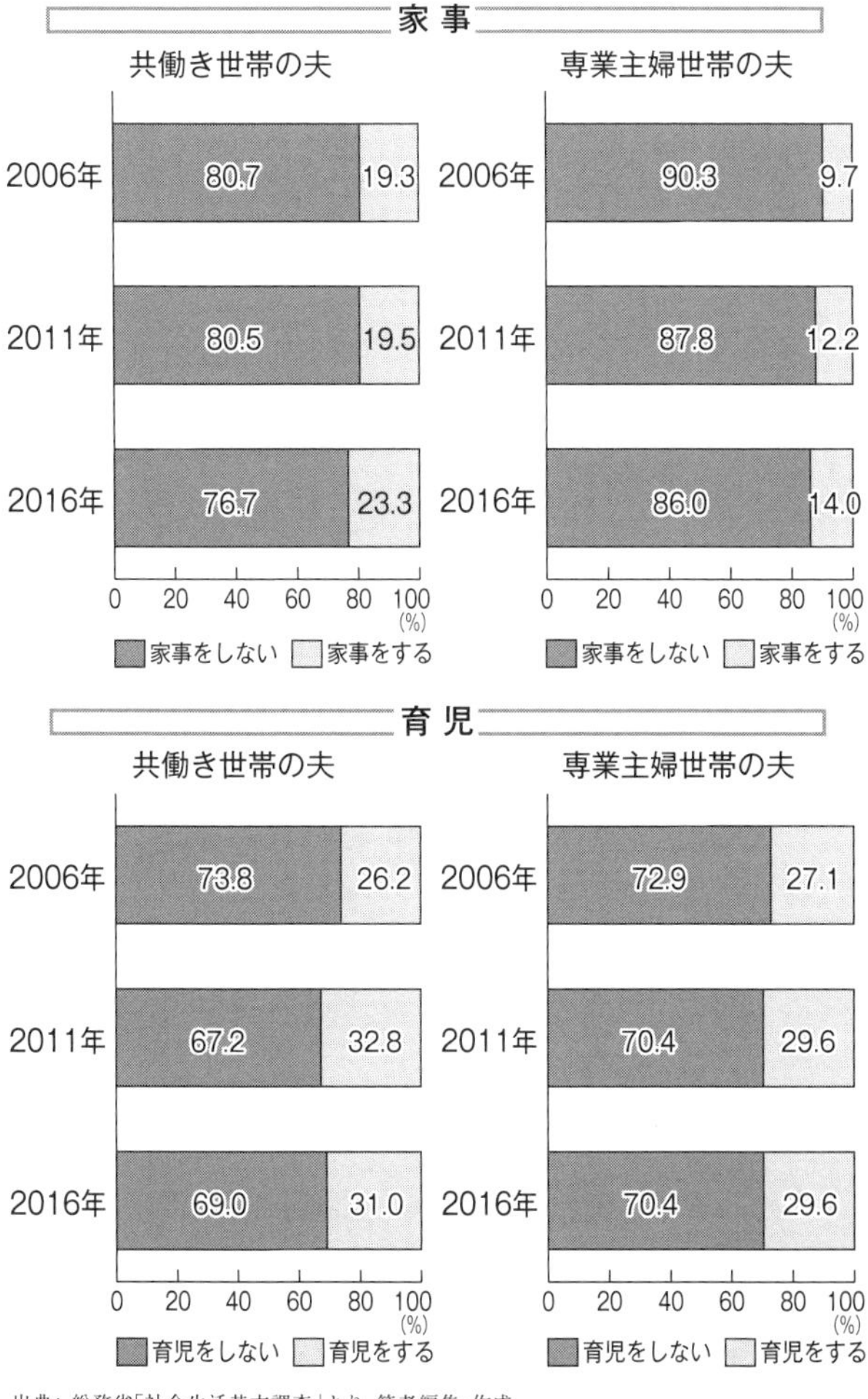

出典：総務省「社会生活基本調査」より、筆者編集・作成

育児に参画している人の割合は、二〇〇六年からの一〇年間でその比率がほとんど変わっていないのが現実なのです。もちろん家庭環境・労働環境によって家事育児に参画できないという男性も多いと思いますが、この「家事も育児もしない」夫たちを揶揄《やゆ》して、「ゼロコミット男子」や「イクジ（育児）ナシ夫」という言葉が生まれたほどです。

育休はその後のライフスタイルが変わるきっかけに

内閣府経済社会総合研究所の調査によれば、男性の育休取得が、その後の積極的な家事育児参画のきっかけになることも分かっています（図1-3）。育休中、一定期間にわたり家事育児にコミットすることで、それが習慣化され、育休取得後の家事育児時間が長くなったり、担当する家事育児の数（種類）が増えたりすることも明らかになっています。

ですから、たとえ現時点で、世の男性の七割が「ゼロコミット男子」でも、育休時に男性が役に立たないと決めつけるのは早計です。育休取得は、その後も**長期にわたって男性の家庭進出につながる契機となる**可能性があるからです。

1-3 育休取得が出生１年後の家事育児時間に与える影響

《平日の家事・育児時間》

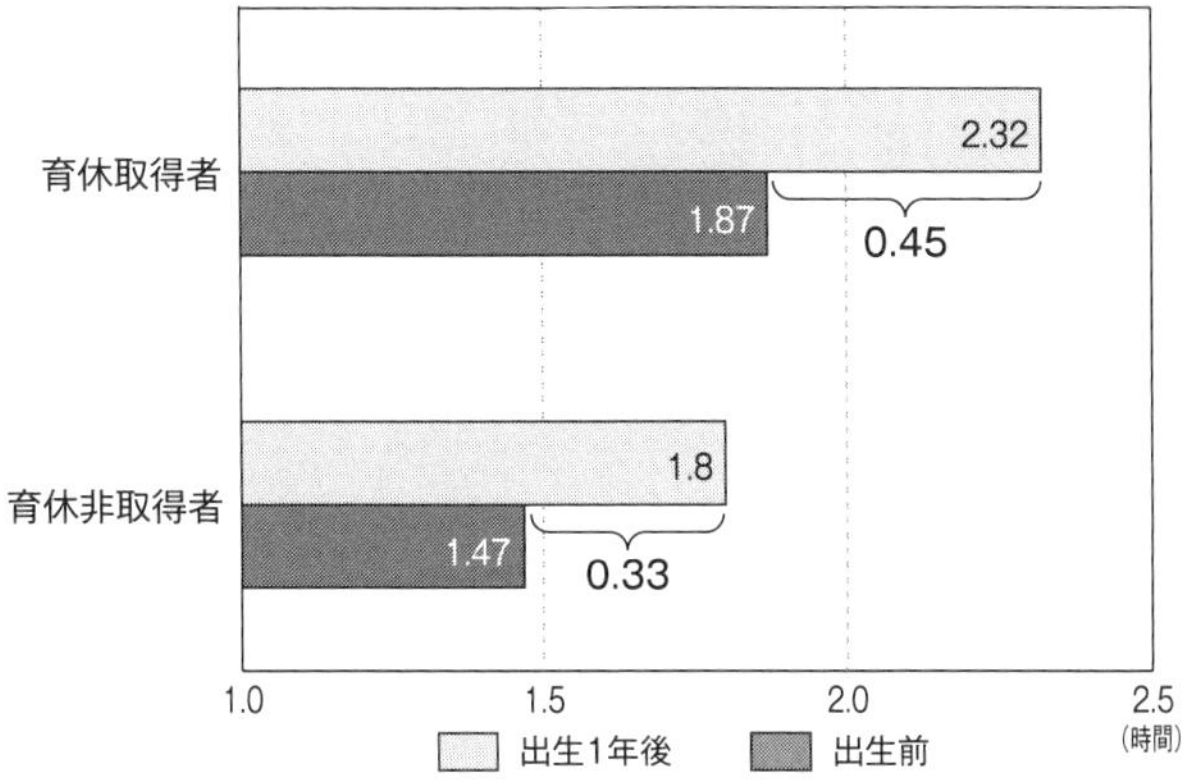

出典：内閣府経済社会総合研究所「男性の育児休業取得が働き方、家事・育児参画、夫婦関係等に与える影響」レポートより、筆者編集・作成

ところで、そもそも「ゼロコミット男子」が七割にものぼる原因はどこにあるのでしょうか。男女の性別役割分業意識などの文化的な背景や男女の学歴・所得格差など、要因はいくつかありますが、筆者が着目しているのは「知識の獲得機会の欠如」と「産後の環境」です。

まず、「知識の獲得機会の欠如」に着目している理由を説明します。日本では、男女問わず、「育児」に関して現行の義務教育・高等教育での教育機会がありません。現状は育児知識の全くない男女がいきなり親になるケースが多く、虐待が起きる要因の一つとも考えられています。虐待防止の側面からも、昨今は母子保健法が整備され、妊娠中の女性を対象とした自治体主催の「母親学級」や助産師訪問が普及するようになりました。

しかし、男性が表立って参加できる教育機会はまだ少ないのが現実です。「両親学級」と謳《うた》っている講座もありますが、その内容は母親中心の講義が多く、疎外感を感じる男性も少なくありません。

また、家事の知識に関しては、特に男性側の知識獲得機会が欠如しています。通常、女性は義務教育課程の「家庭科」で家事の基本的な知識を習得する機会があります。一方で、男性の年齢によっては、「男子は技術」「女子は家庭科」と分かれていた時期に育った人もいます（今は、男女ともに「家庭科」が義務教育課程に入るようになりました）。

加えて、家庭環境が影響している場合も多いでしょう。「男は仕事、女は家庭」といった性別役割分業意識が強い親のもとでは、「男子厨房に入るべからず」と息子を家事から遠ざける家庭も散見されます。こうした「上げ膳据え膳」での実家暮らしが長い男性の場合、自らの家事の知識・スキルが足りないことにさえ気づかずに、父親になる場合もあるでしょう。

ちなみに、筆者天野の夫は義務教育で家庭科を習わなかったためか、あるいは家庭環境のためか、料理はもとより、家事がほとんどできませんでした。結婚直後、夫の引っ越し荷物の底からボタンの取れたシャツやズボンが複数出てきて驚いたのですが、夫から「裁縫ができずボタンが付けられない。実は着られるシャツが減って困っていた」と打ち明けられました。

あきれ気味の筆者でしたが、習っていないのであれば仕方がありません。実は男性側も家事スキルの欠如に困っていたのです。「ゼロコミット男子」は男性側のマインドセットの問題もありますが、意図せずして知識獲得の機会を得られなかったケースも多々あります。

「家庭科」は、生活を営むために性別を問わず必要な科目ですが、その存在意義をまざまざと見せつけられた、筆者にとって忘れられない出来事でした。

夫婦の関係性を決めるのは乳幼児期

次に、「産後の環境」に、筆者が注目している理由を説明します。よく言われるのが、里帰り出産によって生じる夫婦間の「育児スキル」格差です。

　産後の母体にとっては、慣れない育児をサポートしてくれる実母（義母の場合もある）の存在は非常にありがたいのですが、里帰り出産は育児のスタート時期にタイムラグが生じるため、夫婦間で育児スキルの差が大きく開いてしまうのです。

　妻の里帰り期間中、独身時代に戻ったかのように、好きなだけ仕事や遊びに時間を使う夫もいる一方で、妻は育児と格闘する日々が始まります。こうして先に育児スキルを身につけた妻は、自宅に戻ったら、育児スキルが全くない夫とともに育児をしなければなりません。いわゆる「産後クライシス」を招く原因は、この育児スキルの差も一因だと言われています。

　一方、東レ経営研究所の渥美由喜氏が示す「女性の愛情曲線」によると、子どもが巣立った後、**女性の愛情が下降してそのまま「愛のない夫婦」になるか、愛情が徐々に回復して「愛のある夫婦」になるかは、出産直後から乳幼児期の夫のふるまいにかかっている**そうです（図1-4）。

　また、男性の中には、妻の出産後もこれまでの働き方を変えずに（あるいは変えられずに）、夜遅くに帰宅する人もいます。残念ながら、そうした環境下で男性が育児の実態を理解する

1-4　女性の愛情曲線――産後数年間が夫婦の将来を決める

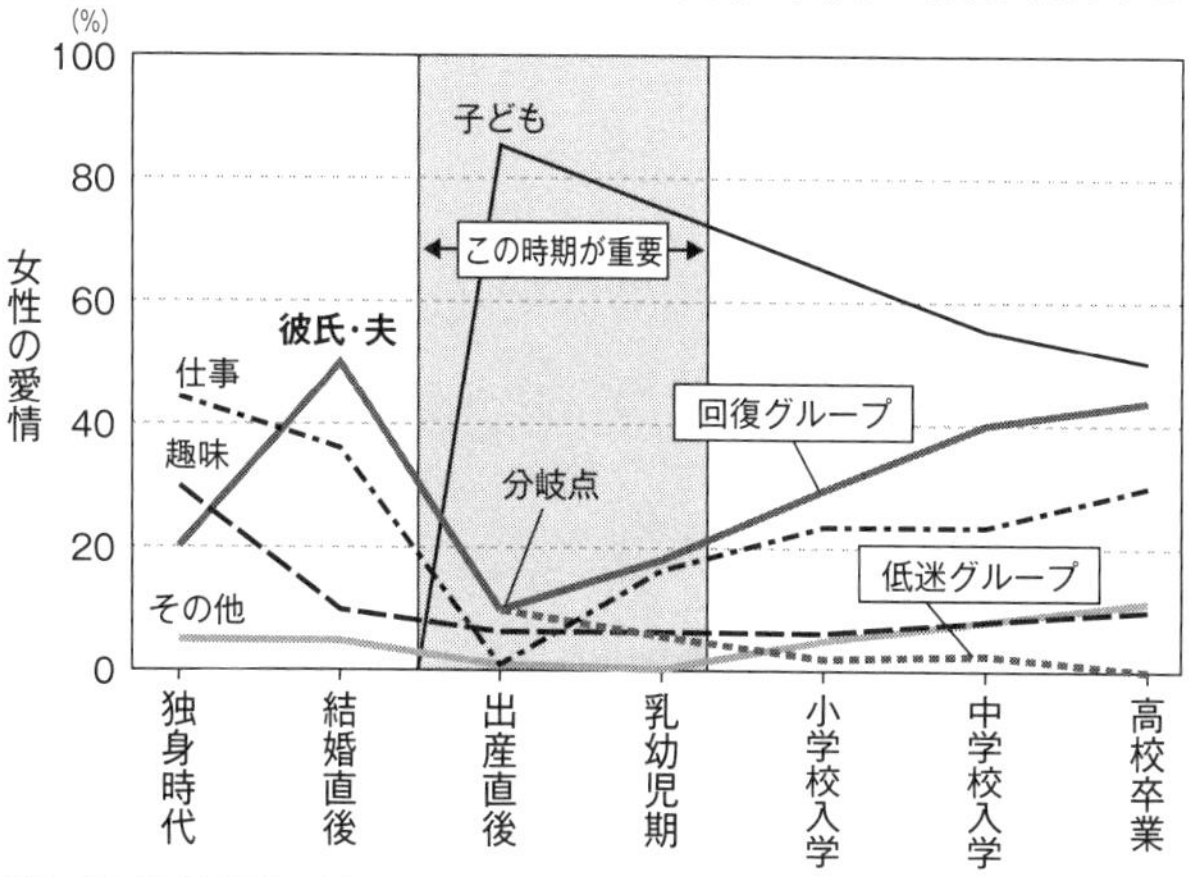

出典：東レ経営研究所　ダイバーシティ＆ワークライフバランス研究部長 渥美由喜著「夫婦の愛情曲線の変遷」

のはかなり困難です。

妻の妊娠中は育児参画に意欲を燃やしていた男性が、家事育児に関する知識獲得の機会の欠如や産後の子育て環境などが原因で意欲冷却してしまい、結果的に「ゼロコミット男子」となってしまうのは、余りにもったいないと感じます。しかし、妻の出産直後に夫が育休を取ることができ、一定期間家事育児にコミットすることが可能になれば、話は別です。

男性の育休は、妻の出産後も男性の家事育児参画が継続するかしないかを決定づける、重要な契機と言えるでしょう。

誤解3 「共働きの家庭でないと育休は取れない」

⬇ 専業主婦家庭でも夫の育休は可能

結論から言うと、「専業主婦家庭の夫でも育休を取得することが可能」です。二〇〇九年に法改正がなされる前は、労使協定で専業主婦家庭の除外規定をつけることができました。しかし、現行の法律では**配偶者の性別や就業の有無に関係なく、育休を取得できる**ようになっています。

とはいえ、「(法律上は取得可能だが)妻が専業主婦で家にいるのに、なぜ夫が育休を取る必要があるのか」と疑問に思われる方もいるでしょう。しかし、妻が会社員の場合でも、出産前六週間と産後八週間は法律で働くことが禁止されています。つまり、出産前後の妻は就業の有無に関係なく、「家にいる」状況です。そして、前述したように、出産直後の家事育児タスクの量も、両者に差はありません。さらに言えば、産後うつのリスクも同じです。

筆者の学生時代の同級生に、四人の子どもを持つ専業主婦がいます。彼女の切実な思いは「専業主婦の夫も育休が取りやすい世の中になってほしい」ということです。彼女の夫は、彼女が四人目の子どもを出産した直後、海外への長期出張が入ってしまいました。「何もできない自分の代わりに」と、義理の両親に一カ月間サポートに来てもらったそうなのですが、残念ながら義理の両親は夫の「代わり」にはならなかったと漏らします。彼女は夫不在の中、一カ月間睡眠時間を削って、三人の子どもたちの世話と新生児の育児をまっとう。しかし、帰宅する義両親を車で空港に送る途中で交通事故を起こしてしまい、同乗していた生後一カ月の第四子を失いました。

「交差点で右折しようと思って待っていたんだけど、急に意識がなくなったの。本当に全く記憶がないんだ」と彼女は涙ながらに語ってくれました。意識がなくなった原因は過労だったそうです。彼女は、この経験から、「夫の代わりはいない」ことを悟ったと言います。「夫は、四回も育休を取る機会があった。もし一度でも夫が育休を取ってくれていたら、子育ては夫婦二人でするもの、と意識が変わって、こんなことにはならなかったと思う」と嘆いていました。

足を怪我したり、車椅子に乗ったりすると、普段は気づかない小さな段差も大きなハードルに感じるように、実際にその立場になって経験してみるということは、当事者意識を持つ絶好の機会になります。

専業主婦家庭の場合、女性が家事も育児も完璧にこなそうと頑張ってしまい、その結果、男性の家事育児の経験値が低くなる傾向が高まるのかもしれません。専業主婦家庭においても、男性育休が浸透することの意味は大きいのです。ちなみに、男性が主夫となっている「専業主夫家庭」における働く妻も、育休取得は可能です。

誤解４　「大企業にしか男性育休の制度はない」

↓ 育休は申請すれば全ての社員が取得できる

男性育休の話題になると、中小企業にお勤めの男性や中小企業の経営者たちから「大企業が羨ましい」「自分の会社にはそんな制度はない」という声をしばしば耳にします。しかし、男性育休は企業の大小問わず取得可能であることが法律で定められています。

実際に、育児・介護休業法を見てみましょう。

育児・介護休業法　第五条（法律の文章を簡素化しています）

労働者は、その養育する一歳に満たない子について、その事業主に申し出ることにより、育児休業をすることができる。

このように、労働者の申し出により、育休を取得できることが明記されています。つまり、**企業の規模や性別に関係なく、誰でも取得できる**のです。

しかし、以下の方は注意が必要です。

- 転職して間もない方（または転職を考えている方）
- 契約社員やパート・アルバイトの方

法律の原則では誰でも取得できるのですが、実際の運用においては、労働組合と会社側が結ぶ労使協定で**「入社一年未満」の社員を育休の対象から除外している**企業が多いからです。この労使協定は多くの企業で締結しており、転職して間もない場合、この除外規定に該当する可能性があります。

また、有期契約で雇用されている契約社員やパート・アルバイトの方は、育児・介護休業法により、「同一事業者に一年以上雇われている」かつ「子どもが一歳半になるまでに、退職することがあきらかでない場合を除いて」取得が可能になります。

つまり、正社員・非正規社員ともに、就職した会社に一年以上在籍していないと、育休取得は困難というのが現状です。

ただし、よく誤解されるポイントは育休取得のタイミングです。たとえば、「一年以上働いている」ことが育休取得の条件となっている企業に一月一日付けで転職し、三月一日に妻の妊娠が判明した場合、出産予定日は一〇月末。子の誕生時点では入社一年未満のため育休を取得できませんが、入社一年以上となる翌年一月一日以降は、取得可能になります。

就業規則になくとも育休は取得可能

とはいえ、このように法律は整備されているものの、男性が育休取得を上司に相談したら「男が育休を取れる制度はない」と言われた話は、枚挙にいとまがありません。

実際、男性社員が育休を取得しなかった理由で第2位になっているのが「会社で育児休業制度が整備されていなかった」です（図1-5、次ページ）。

「はじめに」で「法律で定められている男性育休は、企業ごとの制度の有無に関係なく取得

1-5 男性社員が育休を取得しなかった理由

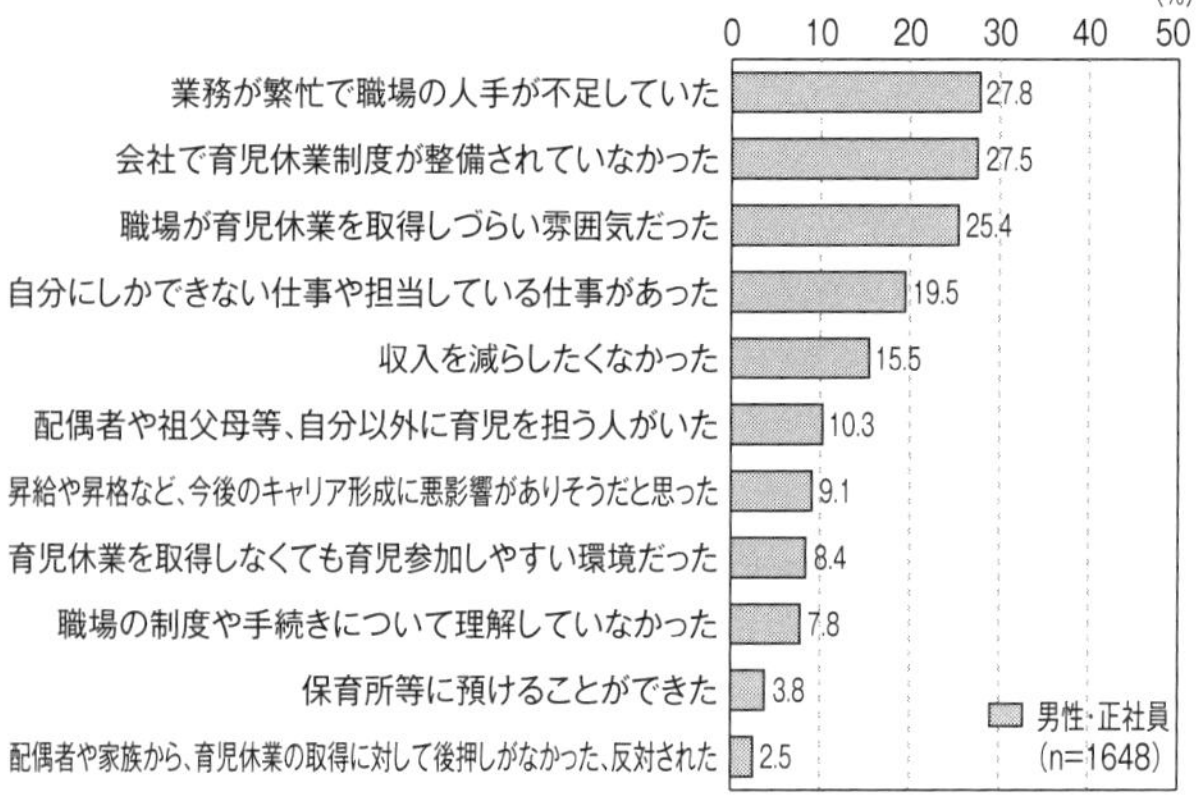

※就業形態は、末子妊娠判明時のもの。
※「男性・正社員」は育児休業を利用しなかった回答者を集計対象とする。
出典：厚生労働省「仕事と育児の両立に関する実態把握のための調査研究事業報告書」平成29年度より

できます」と述べました。

では法律には、どのように記載されているのでしょうか？　先程の育児・介護休業法の次に記載されている第六条を見てみましょう。

育児・介護休業法　第六条（法律の文章を簡素化しています）
条件を満たす労働者からの育休の申し出があった場合は、（事業主は）それを拒むことはできない。

右記の通り、「申し出があった場合は、それを拒むことはできない」と明記されています。つまり、ここで言う「制度がない」と

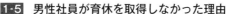

は、「会社の就業規則に育休規定がない」ということを指します。しかし、**就業規則に規定がなかったとしても、育休は法律で保障された権利なので、全ての社員が取得できる**のです。違反した企業には罰則が定められており、報告の要請・勧告・企業名の公表、二〇万円以下の罰金が科されます。

ただし、ここまで述べてきたように本来は「拒むことができない」はずなのですが、現実には「拒んでいる」企業も多く存在するのが実情です。こうした課題については、後の章で詳述します。

なお、育児のために育休や時短勤務などの制度を利用する男性社員に対する、職場での嫌がらせをパタニティ・ハラスメント、すなわち**「パタハラ」**と言います。パタハラに関してよく知られている事例が、ＳＮＳで炎上した**「カネカショック」**です。二〇一九年、化学メーカー「カネカ」の男性社員が育休を取得後にパタハラを受けたとして、話題になりました。同男性社員の育休復職後、わずか二日目に転勤辞令が発令。急な転勤により共働きが困難となり、同社員は同月に退職することを決めました。この顛末《てんまつ》を妻がＳＮＳ上に書き込んだことから、一連の経緯が一気に拡散。ＳＮＳ上では、「こんな見せしめのような古い気質があるとはね」「立派なハラスメント案件」「本当なら会社としてヤバイ」といったコメントが多数付いて大炎上。その影響で、投稿直後に株価が下落し三日後には年初来最安値を付けるという経営リスクに発展しました。

これまでは、企業のハラスメント案件が株価にまで影響を与えることはほとんどありませんでした。しかし、ＳＤＧｓ（持続可能な開発目標）の達成を各企業が掲げる中、こうした出来事はダイレクトに企業価値の低下につながるようになったのです。「カネカショック」は、まさに時代の変化を感じさせるエポックメイキングな事件と言えます。

誤解５「休むのに給付金をもらうと、会社に金銭的負担をかける」

↓給付金は社会保険料から支払われるので会社の金銭的負担はない

終身雇用の影響か、単に真面目な人が多いだけなのか、「休業中に働いていないのにお金をもらうなんて……」「ただでさえ会社に迷惑をかけているのに、給与までもらうわけにはいかない」と遠慮する〝謙虚な人〟をお見受けすることがあります。会社を思いやる気持ちがあるのは大変結構なことなのですが、実は社員が育休制度を利用する際、会社側には金銭的な負担はありません。

育児休業給付金の出どころを具体的に言うと、（会社員の場合）給与から天引きされている雇用保険から捻出されます。分かりやすく言い換えれば、**失業保険の積立金から出ている**のと同じであり、育児休業中は失業中と同じ扱いと考えると理解しやすいかもしれません。

たとえば、額面給与が二三万円の会社員の場合、毎月納めている雇用保険料は一二〇〇円になります。この雇用保険の財源が育児休業給付金（給与の67％分）に充てられています。また、前述通り、育休中は社会保険料（健康保険料、厚生年金保険料、雇用保険料など）が免除されます。会社員の場合、保険料の半分はおおむね会社が負担しますが、社員の育休期間中には会社側の保険料も免除されているため、育休を取得している社員について、会社が金銭的な負担をおうことはありません。

また、あまり知られていませんが、男性社員が「出生後八週間以内に開始する連続一四日以上の育休を取得」した場合、あるいは「男性社員が育休を取得しやすい職場風土づくり」をした場合など、一定の条件をクリアした企業は**「両立支援等助成金」**を受けることができます。その額は、業種と資本金によりますが、おおむね従業員数三〇〇人以下の中小企業の場合、最大七二万円で、大企業でも最大三六万円が助成されます（表1‐6）。

つまり、中小企業に勤める男性が育休を取得すると、**育休取得者の給与分は会社に原資として残ります**。そのうえで、申請すれば助成金が出るのですから、実は結構なプラスになります。たとえば、一カ月間育休を取得する男性の月給が三〇万円だった場合、助成金七二万円を加算すると、会社は一〇二万円の収入増になるわけです。

1-6 男性社員の育休取得における、企業への助成金支給額

	中小企業	中小企業以外
①1人目の育休取得	57万円<72万円>	28.5万円<36万円>
②2人目以降の育休取得	a 育休5日以上：14.25万円 <18万円> b 育休14日以上：23.75万円 <30万円> c 育休1ヶ月以上：33.25万円 <42万円>	a 育休14日以上：14.25万円 <18万円> b 育休1ヶ月以上：23.75万円 <30万円> c 育休2ヶ月以上：33.25万円 <42万円>

※生産性要件を満たした場合は＜＞の額を支給。事業主の規模や取得した育児休業期間によって金額が異なる。
※中小企業事業主の定義や生産性要件については、厚生労働省の「両立支援等助成金」を参照。平成29年版は、「https://www.mhlw.go.jp/content/000539051.pdf」。
※①は要件を満たす育児休業取得者が初めて生じた場合のみ。
※②は過去に男性の育児休業取得実績がある企業も対象。1事業主当たり1年度10人（支給初年度のみ9人）まで。
出典：厚生労働省「両立支援等助成金支給申請の手引き（2019年度版）」パンフレットより

一〇二万円あれば、仮に育休中の社員の代替要員を雇った場合でも、人件費や教育費をコスト充当することができるでしょう。もしくは、仕事を割り振ったために業務量が増えた社員たちへのボーナスや残業代として使用することも可能です。

「育休を取る社員がいると、仕事が増えるだけで給与は増えない」と文句を言っている同僚がいたら、両立支援等助成金について伝え、**不満を言うべき対象は育休取得者ではなく、お金の使い道を決めた経営者だと**、伝えたいものです。

誤解6 「一年間も休んだら、職場の仕事が回らなくなる」

⬇ 男性の育休期間は柔軟性が高く、大きな支障が出ない形で取得可能

妻が妊娠しているという男性に「男性育休について考えたことがありますか？」と尋ねると「一年も仕事を休みたくありません」と答えた人がいました。経営者や管理職の中にも、「男性育休自体は賛成だけど、社員に一年間も休まれたら困る」と言う人もいます。つまり、「育休は一年間取得するものだ」と思い込んでしまっているようなのです。その理由は、育休を一年前後の期間で取得する女性が多いからかもしれません。

女性の育休と男性育休が大きく異なる点は、**取得期間の柔軟さ**です。たとえば、男性には「パパ休暇」と「パパ・ママ育休プラス」という制度があります（図1-7）。

これらの制度は**1．該当期間中であれば、男性は育休を二回に分けて取れる　2．通常よりも二カ月長く育休が取れる**、という制度です。

1-7 「パパ休暇」と「パパ・ママ育休プラス」

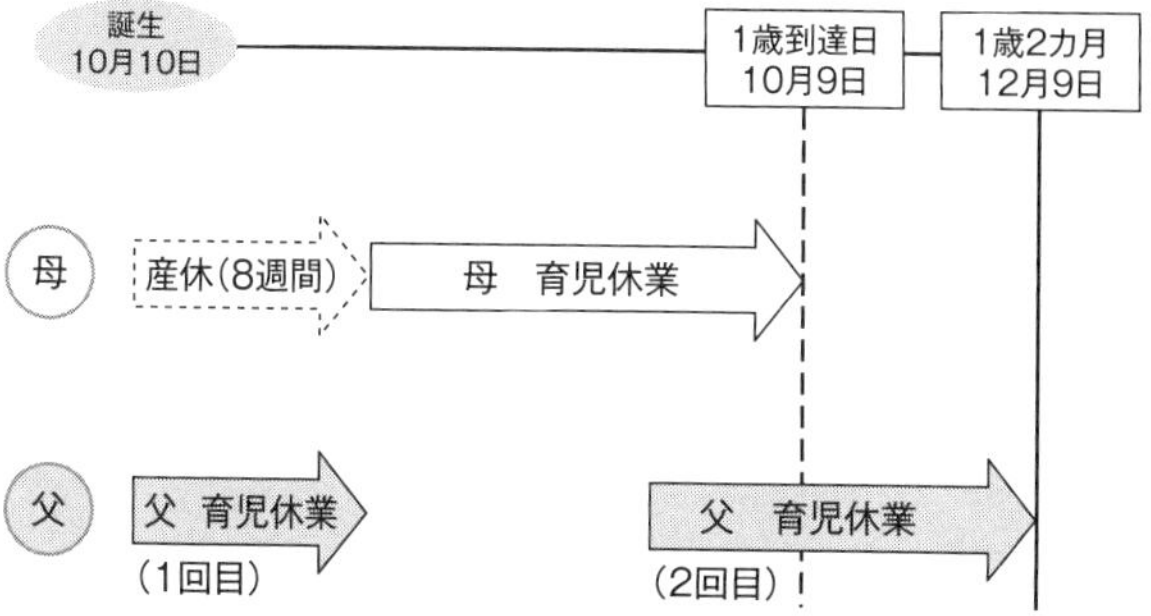

※父と母の休業期間が重複することも可能
※1度目を産後8週以内に取得した場合、父は2度目の育休取得が可能
※父が2度目の育児休業をする場合、2度目の育児休業の開始日より先に、母が育児休業を開始しているため、父の2度目の育児休業は「パパ・ママ育休プラス」の対象

出典：厚生労働省「育児・介護休業法のあらまし（令和元年12月作成）」パンフレットを参考に筆者作成

妻の産後八週間の期間に育休を取得し一度職場復帰した場合、産後一年二カ月までの期間に再度育休が取得できるようになっています。二度取得可能な理由は、一度目は産後の母体ケアの観点から、二度目は、育児を二人で乗り切るため、妻の職場復帰を支えるためなど、様々です（自治体によっては、妻が職場復帰するタイミングで、夫が育休を取得する場合は就労証明と齟齬《そご》が生じることから、取得できないケースや保育園に入園できないケースもあるようです。各自治体によって方針が異なるため、まずは行政窓口に相談してください）。

妻と夫で半年ずつ育休を取得したり、二人同時に取得して数カ月間二人で協力して育児をしたりと、育休には夫婦の働き方や価値観によって、様々な形がありえます。「こうでなければならない」というものはありません。

なお、男性社員で「育休を一年間取得する」というのは極めて稀なケースです。日本の男性育休取得者の取得期間の内訳を見ても、およそ七割は二週間未満となっています（平成三〇年度・厚生労働省雇用均等基本調査）。一年以上の育休を取得する男性社員は一〇〇〇人に一人、約0・1％という稀な存在です。今後、男性育休がより一般的になっていけば、一年以上の期間にわたって育休を取得する男性も増えるかもしれませんが、現時点では「育休は一年間」と考えるのは過度な心配と言えるでしょう。

誤解７「一時的にせよ担当業務を引継ぐと会社に迷惑がかかる」

⬇ 業務の棚卸や非・属人化は経営上大きなメリット

ただでさえ人手不足の中、「自分が育休を取得している期間中、代わりに業務を担当してくれる人がいないのでは？」と心配になる方も多いようです。確かに同僚も毎日残業している中で、短期間であれ自分の仕事を負担してもらうのは気が引けるかもしれません。

一方、育休取得のために仕事の引継ぎが行なわれるのは、良い面もあります。引継ぎに際しては、**業務の棚卸**が必要になるため、必然的に日常の各業務の要・不要、あるいは保留などの整理やランク付けがなされるわけです。また、別の社員がその仕事を務めることで、**抜本的な効率化が可能になったり、業務の本来価値が見えてきたりする**ケースもあります。

一部の大企業が数年に一度のペースで社員の転勤を伴う異動を行なう目的は、１．会社への忠誠心（ロイヤルティ）を測る　２．地元企業との癒着を切り離す　３．仕事の属人化の

排除　の三点であると言われています。

転勤の是非はいったんおいておき、仕事を数年に一度棚卸するというのは、面倒で大変ではあるものの、**経営において必要かつ有益な作業**なのです。

ましてや育休は介護や傷病などと異なり、何カ月も前から分かっていることですから、準備期間があり引継ぎも丁寧にすることができます。

「自分の仕事は専門性が高いから代わりがいない」と言う方もいます。その仕事は本当に代わりのきかない「専門性の高い特別な仕事」かもしれません。しかしながら、その人でなければ務まらない仕事をしている状態とは、つまり仕事が属人化しているということであり、組織理論上は好ましいとは言い難いのです。代替がきかない仕事ほど、投資家や経営者から見ればリスクだからです。その専門性の高い特別な仕事の担当者が突然倒れたら、急に業務がストップしてしまうという状況は、経営上大きな課題だと言えるのです。

とはいえ、関わっているプロジェクトによっては「今仕事を抜けるには業務上のリスクが大きすぎる」という場合もあるかもしれません。そうした場合にも、小泉進次郎氏が環境大臣就任中に育休を取得した時のように、重要な会議だけはリアルで参加、他の業務はオンラインで参加し、残りの時間を自宅で育児に充てるといった形でやり繰りすることも考えられます。

ちなみに、育休中であっても、雇用者である企業と労働者の合意があれば、**「一時的・臨時的」**な業務に限り、月一〇日以下、一〇日を超える場合は月八〇時間まで働くことができます。これは**通称「半育休」**と呼ばれています。この場合、給付金に加えて、働いた分の給与も受け取れますので、給付金で足りない収入を補填することも可能です。

ただし、注意点があります。これを利用できるのは、「一時的・臨時的な場合」となりますので、恒常的に働くことを前提としたものではありません。年金事務所とハローワークに「恒常的に働いている」と見なされた場合は、社会保険料の免除がされなくなったり、給付金を受け取れなくなったりする場合もあります。また、給与と給付金の合計が休業前の給与の八〇％を超えることはできません。

雇用者である企業側が、労働者の育休という権利を侵害しないように配慮することは大前提です。一方で、こうした半育休などの柔軟な働き方が、男性育休の広がりとともに普及していくことも今後必要になってくるでしょう。

以上、男性育休にまつわる様々な誤解について解説しました。続く第2章では、日本における男性育休の現状及び、男性育休が広がらない要因について、具体的なデータをもとに見ていきたいと思います。

第2章

データで見る男性育休の課題と背景

天野 妙

「はじめに」で、男性育休が少子化改善の突破口になるとお伝えしました。本章では、日本の少子化の現状と、現在の日本の労働環境・家庭環境の実態をお伝えし、男性の育休取得を妨げる要因を、様々なデータをもとに解説していきます。

少子化には婚姻率を上げることが重要だとよく言われます。もちろんその意見には賛成ですが、筆者天野の立場は、それに加えて「少子化改善のためには、**共働きでも当たり前に子どもを育てられる社会**になることが必要」というものです。

なぜなら、日本の男性の雇用形態は二五〜二九歳で非正規雇用率が16・7%と高く、平均年収額は二五九万円。また、正社員であっても平均年収額は約三八一万円という状況です(図2-1)。さらに、年収が高いほど既婚率は高い傾向にあります(図2-2)。

個々人にもよりますが、一般的にはまだまだ性別役割分業意識の根強い日本社会の中で「結婚=男性が妻子を養う」と考えている男女にとっては、結婚は非常に高いハードルであると言わざるをえません。よって、今後の施策として若年層の年収を上げていくことはもちろんのこと、並行して性別役割の価値観を変えていくことが必要不可欠です。

つまり、結婚し子どもを持っても夫婦共働きであり続けることが困難ではない社会、そし

2-1 男性の雇用形態別年収(2018年)
～非正規雇用の年収は300万円で頭打ち～

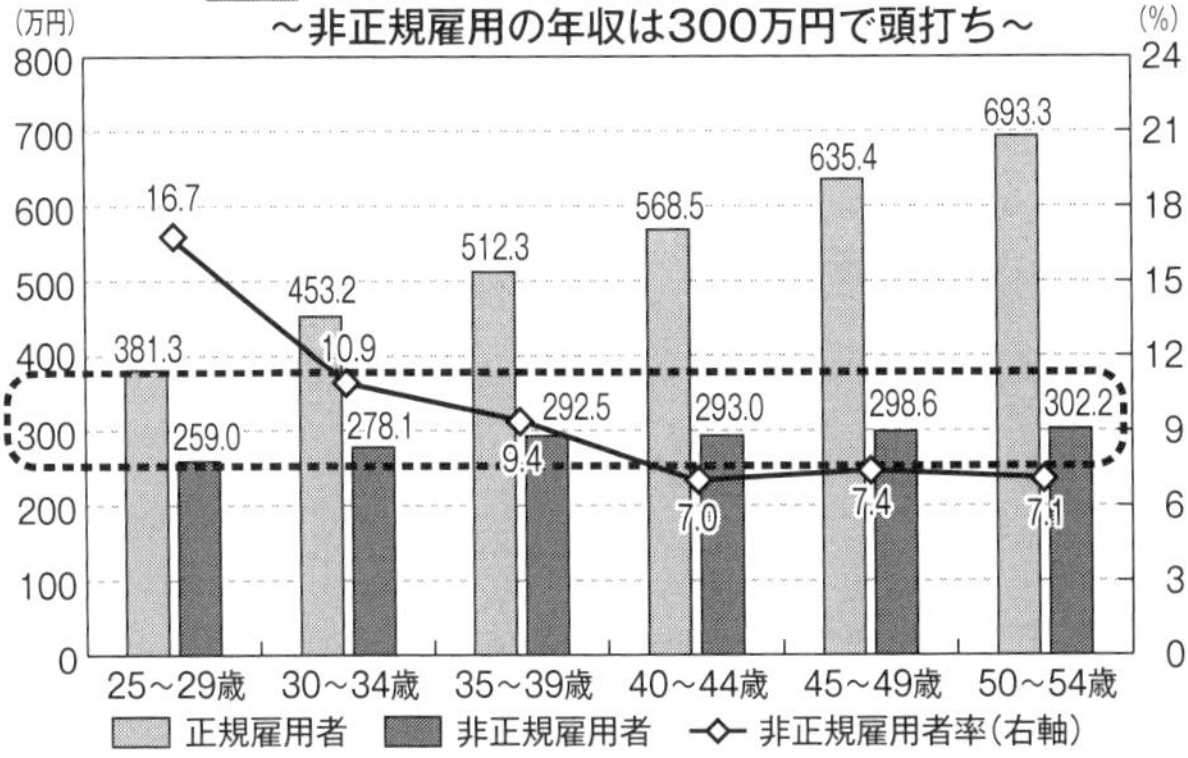

備考：厚生労働省「賃金構造基本統計調査(平成30年)」、「労働力調査(平成30年度)」より作成。正規雇用者は、「正社員・正職員計」、非正規雇用者は「正社員・正職員以外計」。年収は、所定内給与額と特別給与額から推計。非正規雇用者率は就業者に占める非正規の職員・従業員の割合。
出典：経済財政諮問会議 令和2年3月10日 資料より抜粋・編集

2-2 男性の年齢別・年収別既婚率(2017年)
～年収が高いほど婚姻率が高まる傾向～

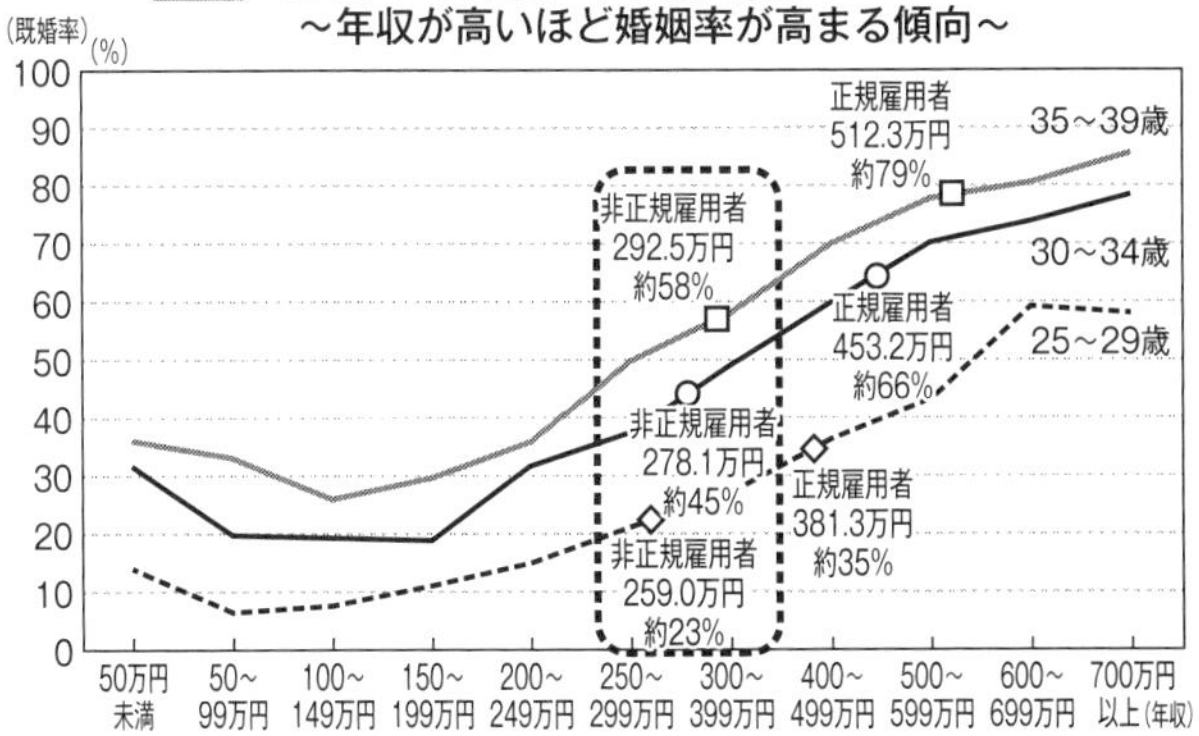

備考：独立行政法人労働政策研究・研修機構「若者の就業状況・キャリア・職業能力開発の現状3-平成29年度版「就業構造基本調査」より―」により作成。「700万円以上」は、「700~799万円」、「800~899万円」、「900万円以上」の3カテゴリーの単純平均。ただし、25~29歳の「800~899万円」はサンプルサイズが小さいために除外して計算。年収と既婚率は、各年収の値を線形補完し図示。
出典：経済財政諮問会議 令和2年3月10日 資料より抜粋

て男性も女性と同じくらい家事育児にコミットできる社会を実現する必要があるということです。

それらを踏まえて、この少子化にどう立ち向かうか。読者の皆さんが日本の現状を俯瞰で見て、現在私たちが置かれている位置を確認し、「男性育休」の課題を立体的に捉えられるよう、過去の数値や海外のデータと比較しながら考察していきます。

日本の少子化をマクロ視点で見る

少子化日本の出生率目標は1・8。人口をキープするのに必要な数値は2・07

現在日本が抱える最も大きな社会課題は「少子化」です。筆者と同じ一九七五年生まれの人口は約二〇〇万人。直近の二〇一九年の出生数は約八六万人となりました。対前年比で約6％の減少となっており、**少子化が加速度的に進んでいます**。加えて、人口の自然減少も進み、死亡数が出生数を五一万人も上回りました。日本の人口は二〇〇八年の一億二七六九万人をピークに減り続けており、二〇二〇年一月時点で一億二五九三万人となっています。

一方、世界の人口は一九七五年の約四〇億人から、二〇二〇年には約七七億人を超え、増加の一途を辿っています。世界の人口は増え続けているにもかかわらず、日本の人口は減り続けているのです。このままでは、日本は名実ともに東アジアの小さな国になりかねませ

2-3　国別に見た合計特殊出生率の推移

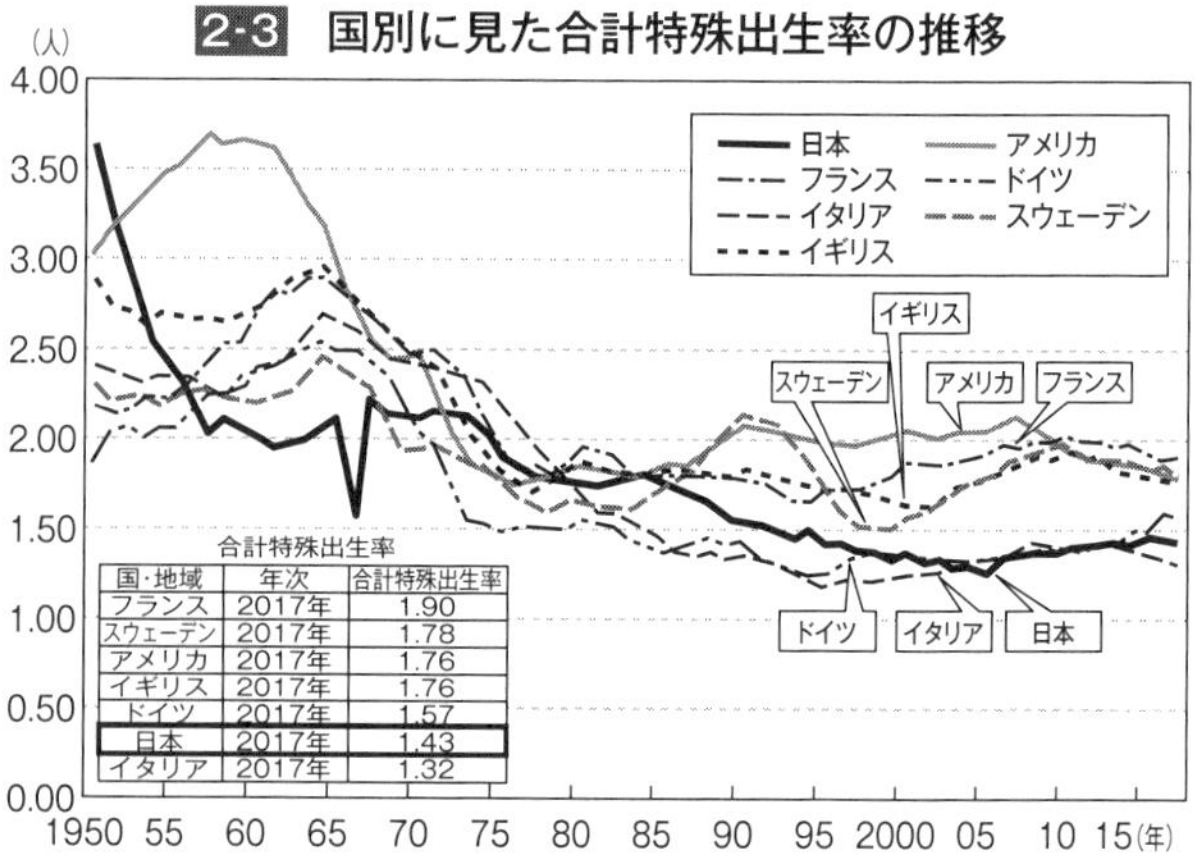

国・地域	年次	合計特殊出生率
フランス	2017年	1.90
スウェーデン	2017年	1.78
アメリカ	2017年	1.76
イギリス	2017年	1.76
ドイツ	2017年	1.57
日本	2017年	1.43
イタリア	2017年	1.32

注：2017年のアメリカ、フランスの数値は暫定値となっている。
出典：諸外国の数値は1959年までUnited Nations "Demographic Yearbook"等、1960～2016年はOECD Family database、2017年は各国統計、日本の数値は厚生労働省「人口動態統計」をもとに作成。

ん。

合計特殊出生率を世界と比較してみましょう（図2−3）。日本は「1・26ショック」と言われた出生率の底地（二〇〇五年）から、ずっと低迷を続けています。一方フランスは一九九三年に1・66という数値で底地を打ってからV字回復をしており、2に近い数値をキープしています。スウェーデンも一九九九年に1・5をマークしてから回復しています。

これらの国は、家族手当などの経済支援策や保育サービスの充実など、出産・子育てと就労に関して幅広い選択ができる環境整備、すなわち**「両立支援」を実施した結果、出生**

率が回復したと見られています（内閣府「少子化社会対策白書」より）。ちなみに、アジア圏、特に性別役割分業意識が強い儒教の国では少子化が進んでいると言われており、韓国は二〇一八年の出生率が1を切って、少子化がより深刻な問題となっています。

　そもそも合計特殊出生率とは、女性が生涯に産む子どもの数です。前述の通り、日本女性の人口は第二次ベビーブームの一九七〇年前後生まれ（二〇二〇年時点で五〇歳前後）をピークに減少しているため、妊娠適齢期の女性の人口が極端に減ってきています。つまり、文字通り母数が少ない状況です。

　そのような中、政府は「希望出生率1・8の実現」を二〇二五年までの目標に掲げました。この1・8の根拠は、若い世代における結婚、妊娠・出産、子育ての希望がかなうとした場合に想定される出生率として、国立社会保障・人口問題研究所「出生動向基本調査」で把握した結婚や子ども数の希望等をもとに、一定の仮定に基づき算出したものです。しかし、仮に出生率が政府目標の1・8に到達しても日本の人口を維持することはできません。実は人口を維持することができる出生率（人口置換水準）は2・07であり（二〇一八年時点）、**この数値に達しない限り、日本の人口は減り続けていく**のです。

2-4 出産に対する意識

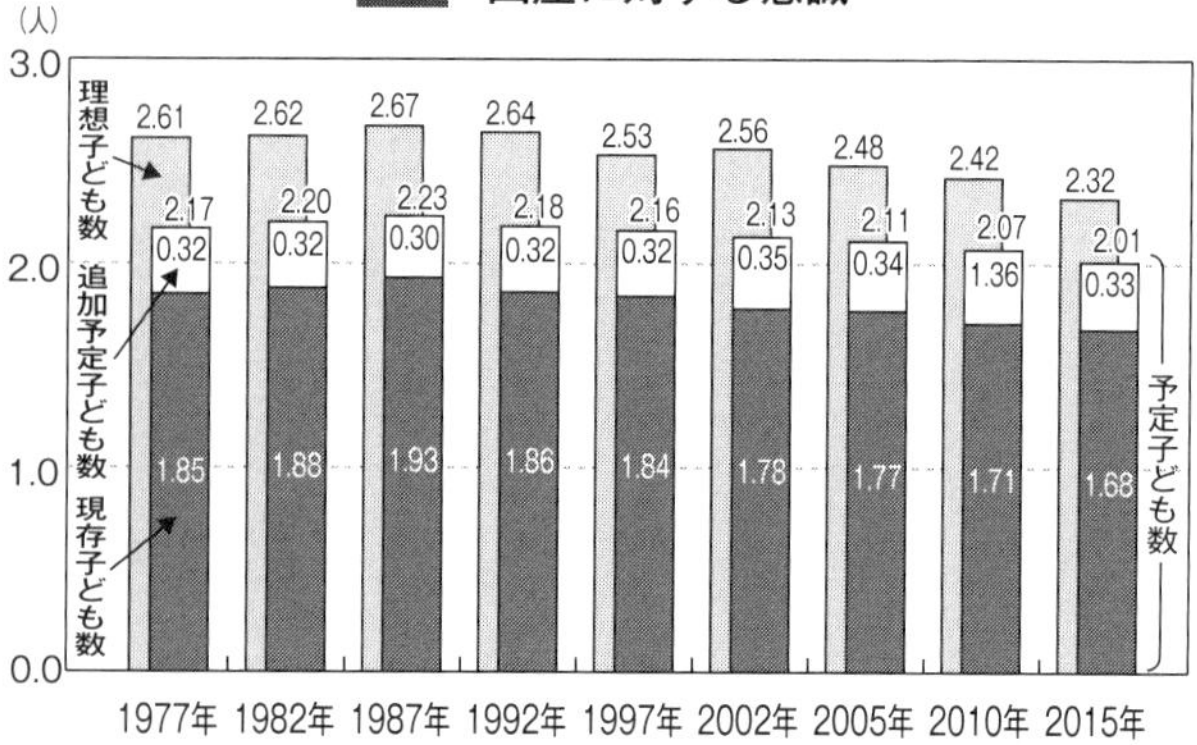

資料：国立社会保障・人口問題研究所「第15回出生動向基本調査（夫婦調査）」（2015）
注：対象は妻の年齢50歳未満の初婚どうしの夫婦。予定子ども数は現存子ども数の和として算出。総数には結婚持続期間不詳を含む。各調査の年は調査を実施した年である。
出典：内閣府「令和元年版　少子化社会対策白書」より筆者編集・作成

とはいえ、この「2・07」という数値に関して、暗い話ばかりかと言うと、そうでもありません。国立社会保障・人口問題研究所が「妻の年齢が五〇歳未満の初婚どうしの夫婦」を対象に行なった出生動向基本調査（第一五回・二〇一五年）で、**夫婦の平均理想子ども数は2・32**と、人口置換水準を上回っているのです。

しかし、平均理想子ども数に対し、平均予定子ども数は2・01、実際の現存子ども数は1・68となったことが分かりました（図2−4）。

理想の数の子どもを持たない理由

2-5　理想の子ども数を持たない理由

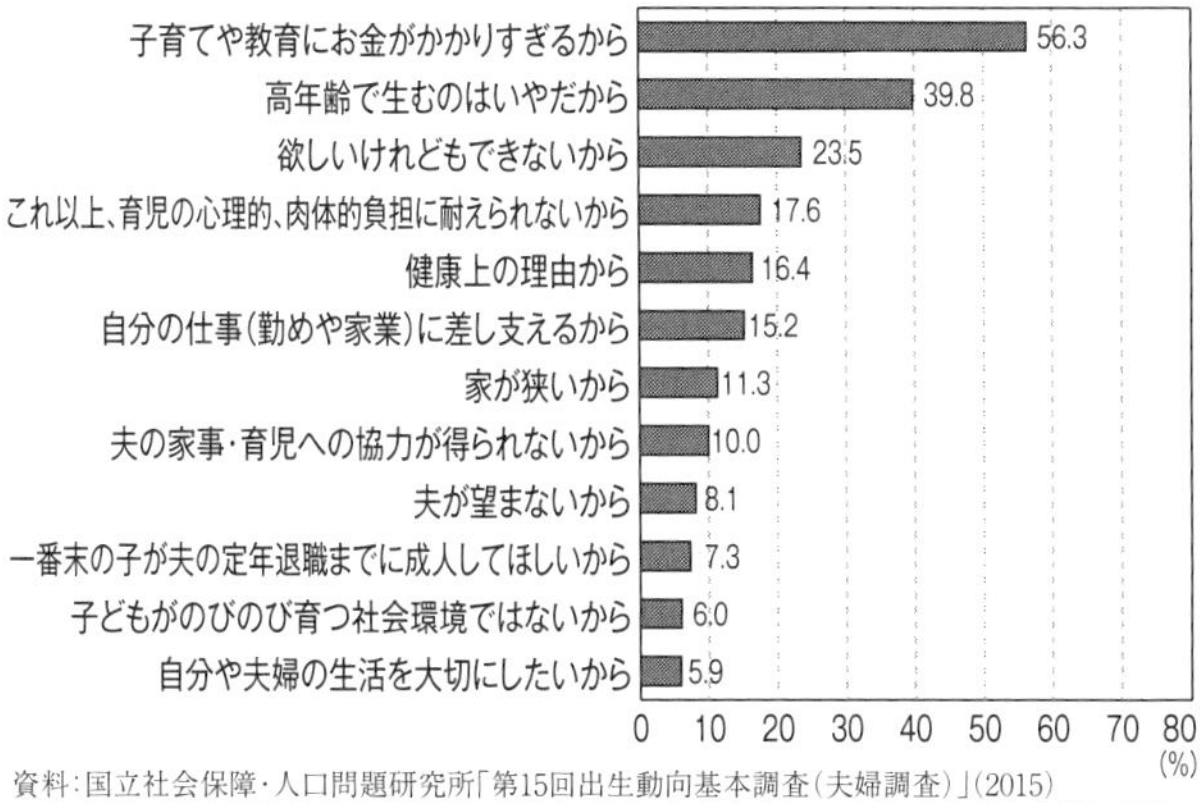

資料：国立社会保障・人口問題研究所「第15回出生動向基本調査（夫婦調査）」（2015）
注：対象は予定子ども数が理想子ども数を下回る初婚どうしの夫婦。予定子ども数が理想子ども数を下回る夫婦の割合は30.3％。
出典：内閣府「令和元年版　少子化社会対策白書」より筆者編集・作成

では、なぜ理想の人数の子どもを持たないのでしょうか？　前述の調査によれば、その一番の理由は、「**子育てや教育にお金がかかりすぎるから**」、二番目は「高年齢で生むのはいやだから」になっています（図2-5）。

また、「**自分の仕事（勤めや家業）に差し支えるから**」は全体の6位ですが、年代別に見ていくと三四歳以下の2番目となっています。つまり、教育費問題が解消され、なおかつ仕事を続けながら子どもを安心して産める育児負担の少ない環境であれば、理想通りの人数を産み育てることができ、少子化対策にもつながると言えるでしょう。

2-6 女性の就業率が高い国では出生率も高い傾向

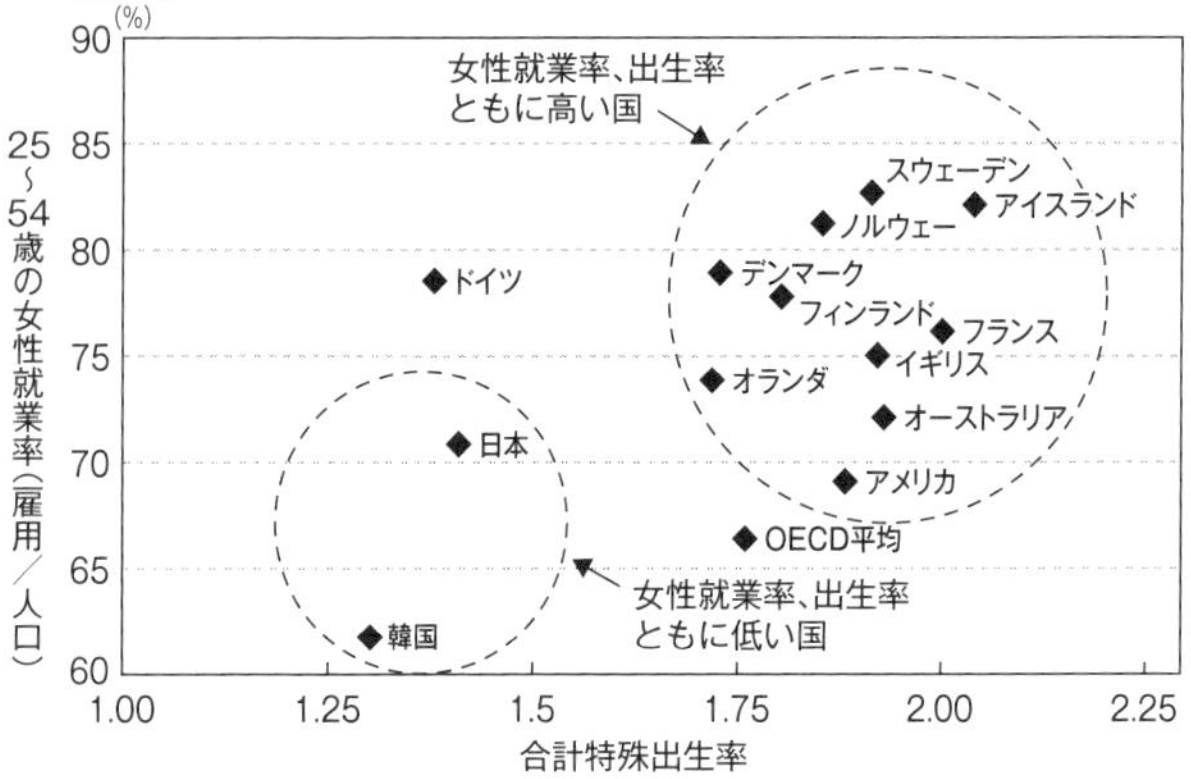

※合計特殊出生率＝OECDデータベース（2012）Fertility rates（出生率）より引用
※25～54歳の女性就業率＝OECDデータベース（2013）Employment-population ratio（雇用率）より引用
出典：OECDデータにより筆者作成

正の相関？　出生率×就業率

一方で「出生率を上げるためには、女性が就労しない方が良いのではないか？」と考える方もいらっしゃるかもしれません。しかしながら、女性の就業率が高い国では出生率も高い傾向があり、世界的に正の相関が見て取れます。アイスランド、スウェーデン、オーストラリアなど**女性の就業率が高い国では、出生率も高い**のが実情です。前述の「子育てにお金がかかるので希望の数の子どもを持たない」というアンケート結果を考えれば、女性が労働参加し、世帯年収を上げることで、

2-7 女性の就業率と正規雇用率（M字カーブとL字カーブ）

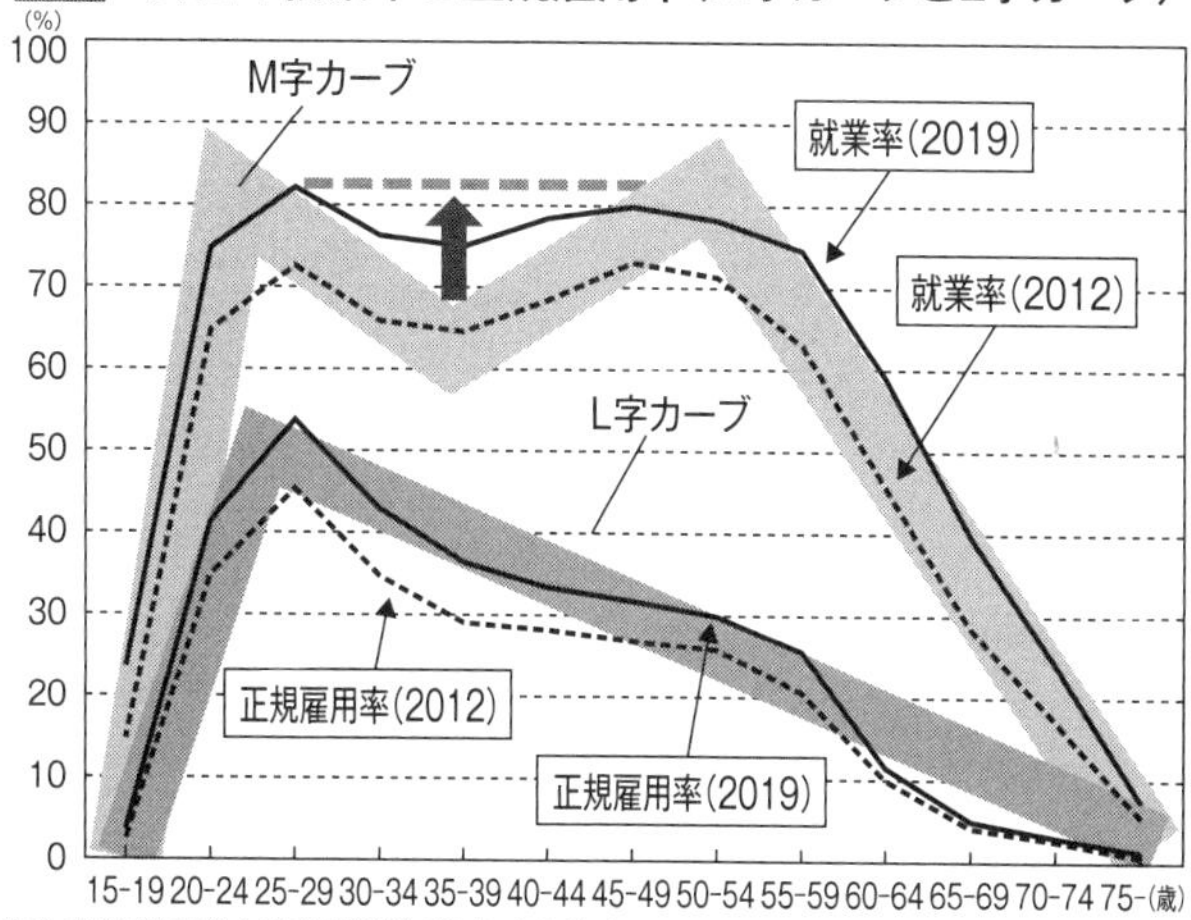

出典：総務省「労働力調査（詳細集計）」により作成

出生率が上がるというのは理にかなっていると言えます（図2-6）。

日本の労働市場のM字カーブとL字カーブ

かつて日本では、女性の就業率を示す折れ線グラフがローマ字のMに似ていることから「M字カーブ」と呼ばれ、問題視されてきました。日本では三〇～三四歳前後で結婚や出産を機に退職する女性が多く、就業率が下がるため、この底上げが課題だとされてきたのです。

しかし現在、このM字カーブは、【図2-7】が示すように、台形に近づいてきています。二〇〜五九歳の女性の実に七割が働いており、**女性の就業率はかなり高い水準まで上がってきているのです**。前述の【図2−1】で示した通り、日本の労働市場において、若年層の男性の収入が相対的に低下していることもその一因と言えるでしょう。

一方、昨今問題視されているのが「**L字カーブ**」**と言われる、女性の正規雇用率を表す折れ線グラフ**です（図2−7）。女性は二五〜二九歳をピークに正規雇用率が下降していきます。出産や結婚を機に退職し、派遣社員や契約社員などの非正規雇用に転換されているのです。

女性の就業率と出生率には正の相関があると前述しました。この就業率の内訳をさらに詳しく見ていくと、スウェーデンやアメリカなど、女性の就業率が高く出生率も高い国では、女性の正規雇用が六割前後と高い水準を保っています。翻って、**日本の女性の正規雇用は四割を切っています**。社会学者の筒井淳也氏（立命館大学教授）は、こうした「女性の就労の中身」に注目することが重要であると指摘しています。

このように、日本においては女性の「L字カーブ」の是正、つまり出産・結婚を機に退職せず、正規雇用を継続できる社会制度が課題となっているのです。

2-8 出産前有職者の就業継続率（就業形態別）

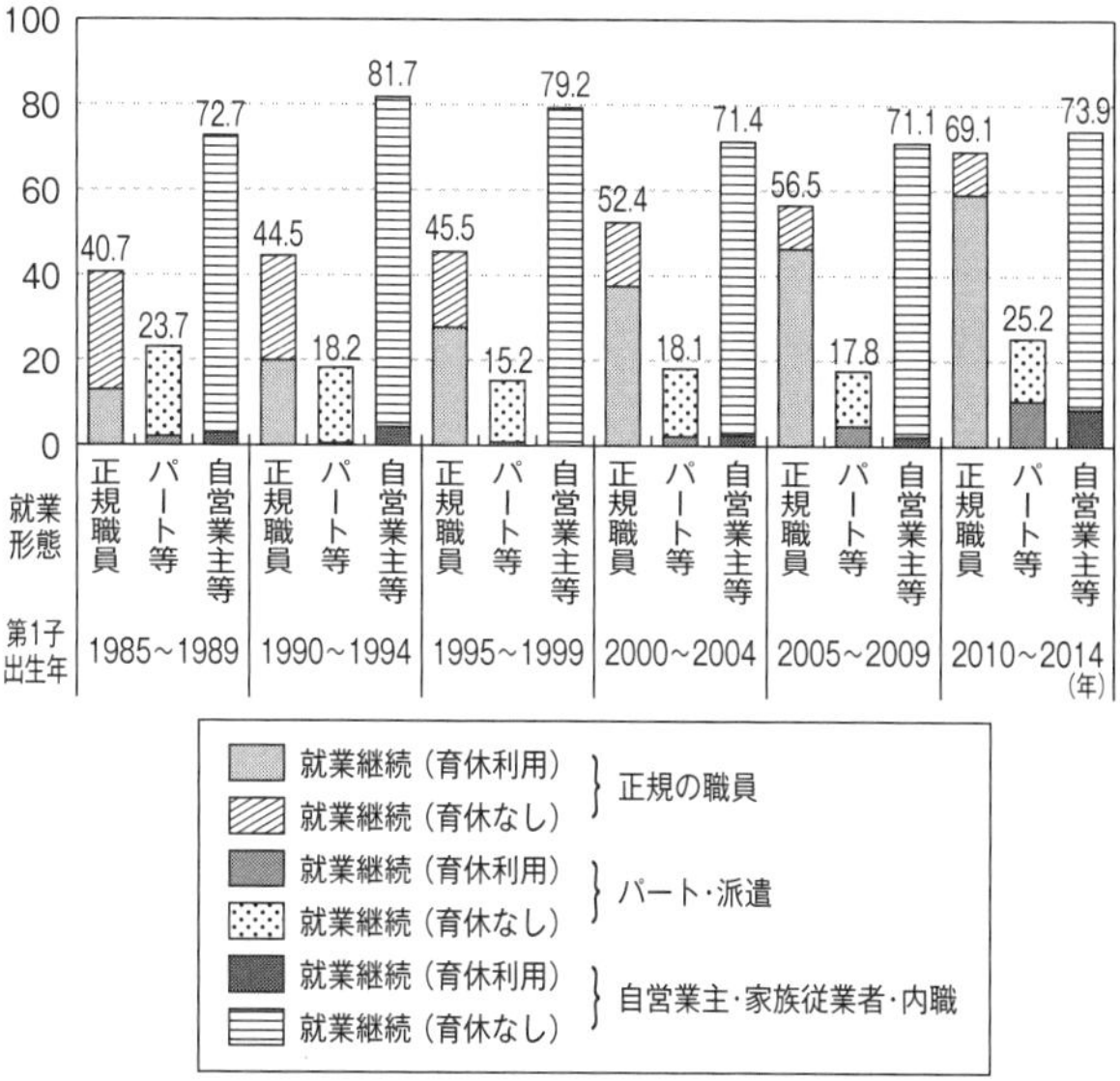

備考：1. 国立社会保障・人口問題研究所「第15回出生動向基本調査（夫婦調査）」より作成。
2. 第1子が1歳以上15歳未満の子を持つ初婚どうし夫婦について集計。
3. 出産前後の就業経歴
就業継続（育休利用）――妊娠判明時就業～育児休業取得～子ども1歳時就業
就業継続（育休なし）――妊娠判明時就業～育児休業取得なし～子ども1歳時就業
4. 就業形態は妊娠判明時であり、回答者の選択による。なお、「パート・派遣」は「パート・アルバイト」、「派遣・嘱託・契約社員」の合計。

女性が退職で失う賃金は約二億円

【図2−8】は第一子出産前に仕事に就いていた女性の就業継続の割合を示しています。

　全体の就業継続率は年々上がってきていますが、二〇一四年時点でも、出産を境に正規の職員は約三割、パート、派遣等の非正規職は七割五分が退職しているのが実

2-9　女性の働き方別生涯所得

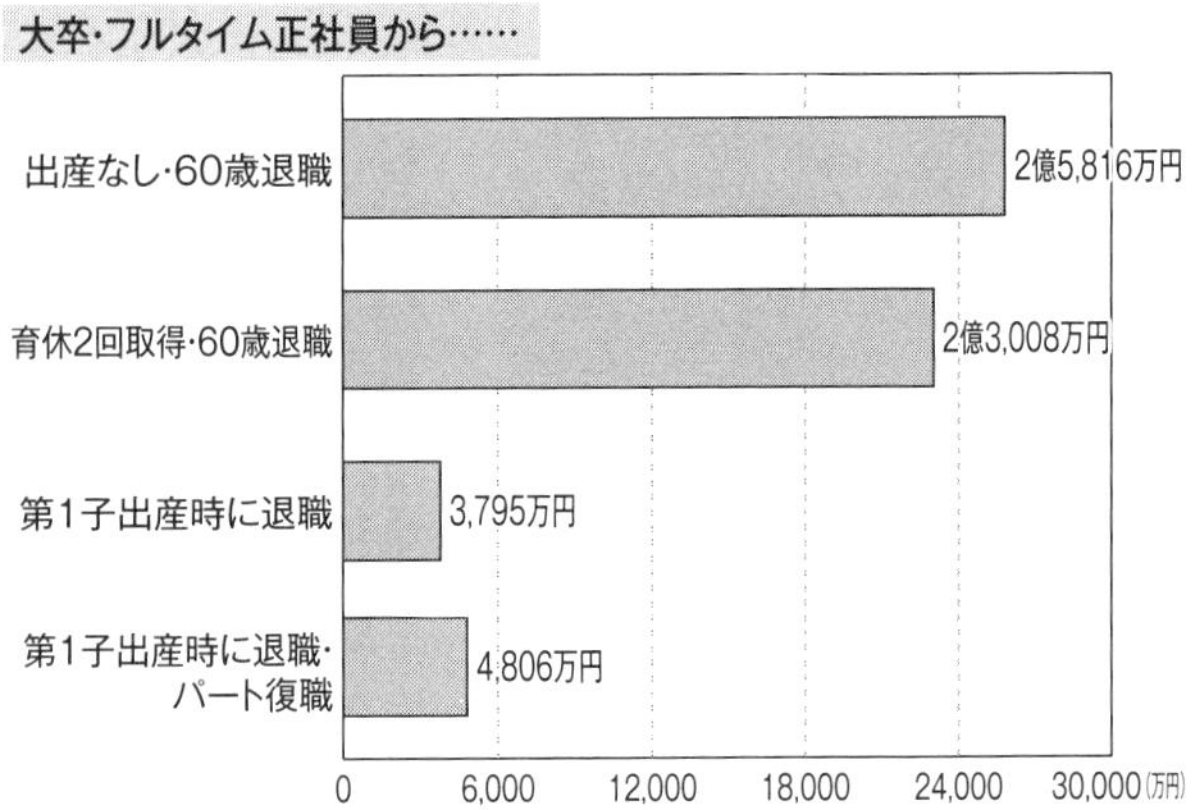

出典：厚生労働省「平成27年賃金構造基本統計調査」、及び「平成25年就労条件総合調査」
参考：ニッセイ基礎研究所レポート（2016.11.16）「大学卒女性の働き方別生涯所得の推計（久我尚子研究員）」作成の図表より一部抜粋

情です。正規の職員が第一子出産時に退職すると、仮に復職したとしても非正規職が大半です。また、第二子、第三子と**出産があるたびに、この正規職の就業継続率が低下していく**のです。

注目すべきは、第一子出産時に正規の仕事を退職した場合と、育休を二回取得して就業継続する場合では、**生涯賃金が二億円ほど違う**という点です。厚生労働省の「賃金構造基本統計調査」によれば、大卒フルタイム正社員で出産なしの場合、六〇歳まで勤めた時の生涯所得は約二億五八〇〇万円なのに対し、育休を二回取った場合は約二億三〇〇〇万円、第一子出産時に退職した場合は約三八〇〇

○万円、パートで復職した場合は約四八〇〇万円と、正社員の職を失うと、生涯所得にかなり大きな差が生じることが分かっています（図2-9）。

筆者が育休を取得した男性にその理由を尋ねた際、この二億円という数字をご存じの方がいました。彼は「自分が現状どれほど努力しても、プラス二億円を稼ぎ出すことは難しい、変化が激しい社会状況の中では、妻に働き続けてもらうことが家計上のリスク分散になる」と話し、家事も育児も、そしてもちろん育休も半分ずつシェアすることで、「**自分は一億円分の家庭内労働をしている**んです」と誇らしく語っていました。

家計のリスク分散と収支を考えれば、「妻に正社員での勤務を継続してもらう」ことは理にかなっています。そのためには、男性自身が仕事と家庭の両立ができるように「妻を支援する」という考え方から、「自らが担う」という考え方に変化する、あるいはそうできる社会に変わっていく必要があるのです。

2-10 6歳未満の子どもを持つ夫婦の家事・育児時間の国際比較

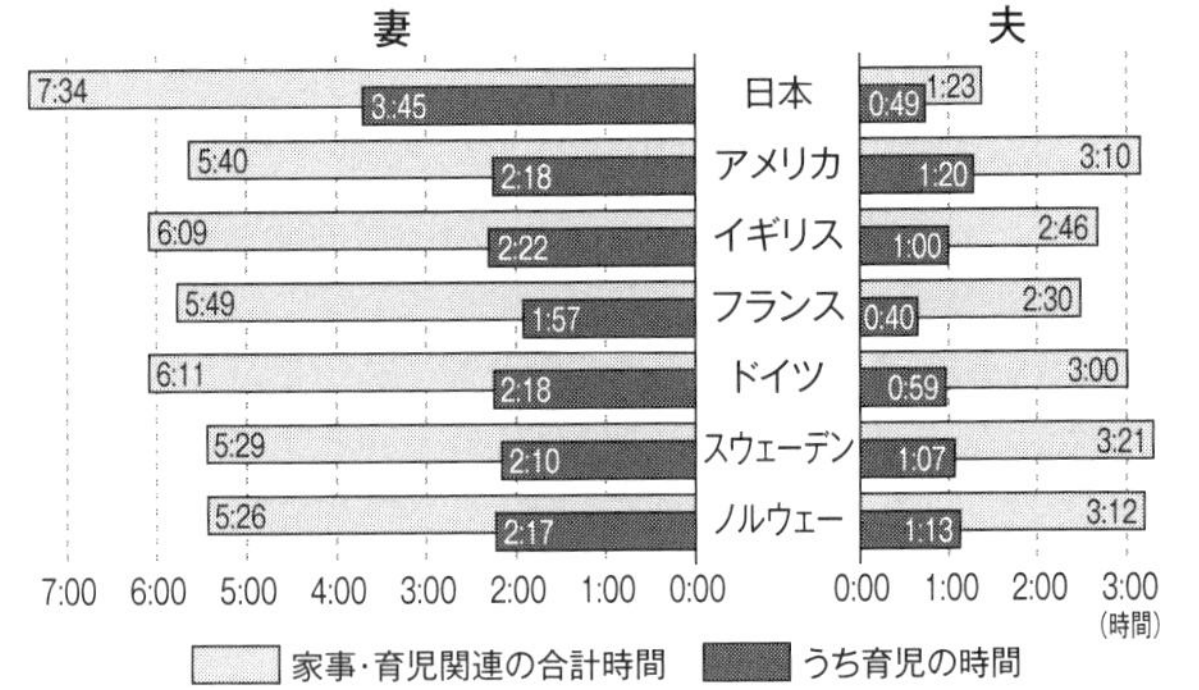

注 1:Eurostat "How Europeans Spend Their Time Everyday Life of Women and Men" (2004), Bureau of Labor Statistics of the U.S. "American Time Use Survey" (2016) 及び総務省「社会生活基本調査」(平成28年)より作成。

注2:日本の数値は、「夫婦と子どもの世帯」に限定した夫と妻の1日当たりの「家事」「介護・看護」、「育児」及び「買い物」の合計時間(週全体)である。

出典:内閣府「男女共同白書令和元年版」

日本人夫の家事育児時間は妻の五分の一。家事時間はフランス人夫の三分の一

次に日本の夫婦における家事育児時間の分担を、海外と比較してみましょう。以下は、六歳未満の子どもを持つ夫婦の家事・育児関連時間を他国と比較した内閣府の資料です（図2－10）。

第1章の「誤解2」でご紹介したように、六歳未満の子どもがいる家庭において、約七割の夫が家事・育児を全くしない「ゼロコミット男子」です。言い換えれば約七割の妻は「ワンオペ育児」中であり、家事・育児を一人で回しているということになります。

日本家庭において家事育児関連の合計時間（夫婦合算）は八時間五七分（家事＝四時間一三分／育児＝四時間三四分）であり、そのうち妻は家事に三時間四九分（87％）、育児に三時間四五分（82％）費やしているのに対して、男性は家事に三四分（13％）、育児に四九分（18％）を費やしています。

妻と夫の負担割合が、家事では87：13、育児では82：18。つまり、家事育児が、妻に著しく偏っており、**妻は夫の五倍以上も家事育児に時間を費やしている**ことが分かります。他国と比べて、日本男性の家事育児時間の少なさは一目瞭然です。

興味深いのは、フランスやスウェーデンの夫は日本人に比べて、より育児参画をしているイメージがありますが、実は日本の夫と育児時間はさほど変わりません。しかし、家事時間の長さを見ると、フランスの男性は日本の約三倍、スウェーデンの男性は日本の約四倍と、**日本よりも家庭内での家事時間の分担がなされている**ことがうかがえます。

二〇〇六年、カナダのケベック州では、男性だけが取得できる五週間の育休を設けるなどして、育休制度を改革しました。経済学者の山口慎太郎氏（東京大学教授）は、この政策の効果を分析した研究を著書で紹介しています。その研究によれば、男性の育休取得が増えたことで、子どもが三歳の時点での父親の家事時間は一時間二五分となり、改革前に比べて一五分増えました。また、育児時間は一時間五〇分と、二〇分増えたことが明らかになりました。第1章でも触れましたが、わずか生後一カ月の期間でも男性が家事育児に参画することで、男性の意識変革につながり、その後**長期的に効果を及ぼす**ことが分かっています。男性の育休取得によって、現在著しく女性に偏っている家事育児時間の家庭内平準化が期待できると言えるでしょう。それにより、女性が出産を経ても働き続けることが困難ではない社会につながるのです。

さらに、厚生労働省「21世紀成年者縦断調査」によれば、夫の家事育児時間と第二子の出生率には相関関係があることも分かっています。**休日に夫が家事育児を六時間以上行なう夫婦では、87%の割合で第二子以降が生まれている**のです。一方、夫の家事育児時間が全くない家庭では第二子以降が出生する確率は10%程度と、大きく差が開いています。

つまり、夫がワーク・ライフバランスを確保し、家事育児時間を十分に取ることができれば、第二子以降が生まれる確率が高くなるのです。この点については第4章で詳しく解説します。

日本の男性育休をマクロ視点で見る

日本の男性育休取得率の推移

二〇二〇年七月に発表された日本の男性育休取得率は７・48％でした。これまでの推移を男女同じグラフで並べてみると、二本の線が平行に並んでいるように見えます（図２‐11、次ページ）。

政府は男性の育児休業が、働き方改革や女性の継続就労のきっかけになると考え、「子どもと家族を応援する日本」重点戦略（二〇〇七年一二月）に「二〇二〇年までに男性育休取得率を10％にする」との数値目標を掲げました。その後、13％に目標数値を変更し、この一〇年間は「イクメンプロジェクト」を筆頭に、男性本人に対し、「男性育休は素晴らしい」「こんな制度がある」「こんなにお得」と意欲喚起を行なってきました。その結果、男性の育

2-11 男女別・育休取得率の推移

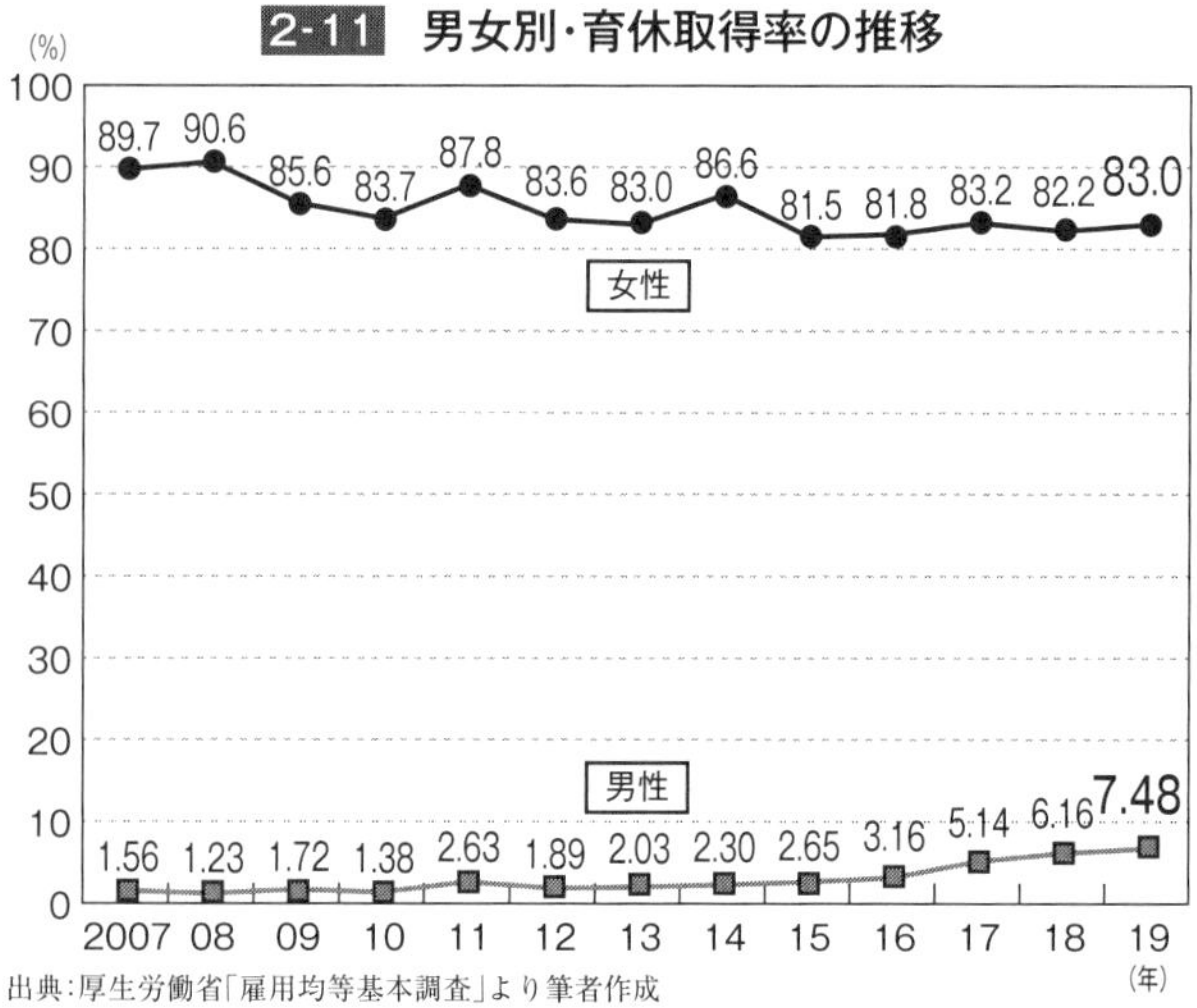

出典：厚生労働省「雇用均等基本調査」より筆者作成

休取得率は当初の1・23％から7・48％となり、約6％上昇しました。しかし残念ながら、まだ目標数値の半分にとどまっています。そこで、政府は新たに「二〇二五年までに男性育休の取得率30％」を目標に掲げようとしています（令和二年「少子化社会対策大綱（内閣府）」）。つまり、これから約五年間で、現状の約四倍強の取得率まで上昇させなければならないのです。これまで通りの「育児する本人に対する意欲喚起」＝「啓発活動」だけでは達成困難な、かなり厳しい目標数値と言えます。

第4章で詳述しますが、大幅に取得率を上昇させるためには、「啓発活動」の次の施策として強制力のある制度が必要だと筆者は考えます。

諸外国の男性育休制度と取得状況

では、諸外国の制度や取得状況はどうなっているのでしょうか。日本の育休取得可能期間は、原則として子どもが満一歳になるまでとなっており、保育園に入園できないなどやむをえない事情に限り、半年ごと、最長二歳まで延長が可能です。フランス、ノルウェーは満三歳まで、スウェーデンでは一二歳までとなっています。また、日本のように夫婦同時に育休が取れるのは珍しく、諸外国では基本的に別々に取得する制度となっています。

なお、基本的な考え方として、休む権利と給付金がもらえる権利は別となっており、アメリカは国の制度として一二週間休む権利はあるものの、国からの給付金は一切ありません。一方、州や会社によっては給付金制度が整っていることから、市民団体が国としての制度拡充を請願する運動を行なっています。

出生率アップに成功したフランスでは、「父親になるための一四日間の休暇」（＝通称「男

2-12　国別で見た男性育休の取得率

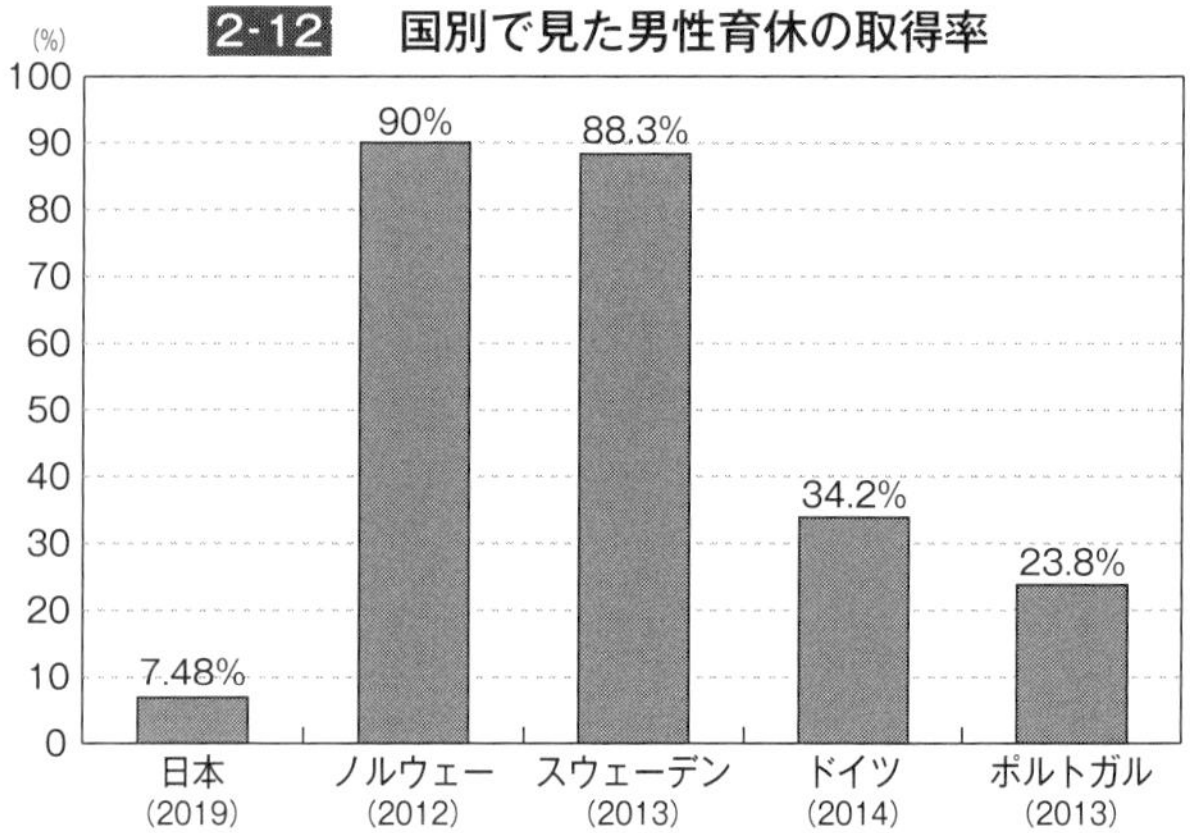

注：ノルウェー、スウェーデン、ポルトガルは独立行政法人労働政策研究・研修機構（JILPT）資料シリーズNo.186『ヨーロッパの育児・介護休業制度』平成29年より。ドイツは「男性の育児休業取得促進に関する施策の国際比較―日・米・英・独・仏・スウェーデン・ノルウェー」（濱口恵・『レファレンス』800号）、日本は厚生労働省「令和元年度雇用均等調査」より。
出典：筆者作成

の産休」と呼ばれる）を実施。育休給付金は給与の100％給付であり、**取得率もほぼ100％**と言われています。しかし、一四日間の産休を取得した後の男性育休に関しては取得率２％と、高くはありません。

このように、各国において制度の中身が大きく異なるため、育休取得率のみの比較は最適な比較ではありませんが、独立行政法人労働政策研究・研修機構が二〇一四年に作成した調査などをもとに比較してみます（図2-12）。

ノルウェーではかつて育休取得率が４％と低かったものの、一九九三年にパパクオータ制（父親割当制度）を導入し、**現在の取得率**

は90％です。給付金に関しては、期間に応じて給付率が変わる制度を導入しています。

スウェーデンでは夫婦で合計四八〇日（約一年四カ月）の育休取得が可能ですが、それぞれが九〇日以上取得しなければなりません。給付金は、産休一〇日間が100％給付、三九〇日までは80％給付となっています。

この二カ国では、男性の育休取得率が日本の女性の取得率を上回っていることに愕然とします。**北欧では、たとえ大臣であっても男性が育休を取得するのが一般的**で、小泉進次郎議員が環境大臣就任中に育休取得を示唆しただけで、賛否が巻き起こった日本との違いは非常に大きいと言えるでしょう。

なお、「残業しない国」として知られるドイツの男性育休取得率は34・2％。取得率では北欧諸国に及びませんが、ドイツの制度にはユニークな点が多くあります。給付金を半額にする代わりに育休期間を倍にすることが選択できたり、復職後に両親ともに短時間勤務をすると別途手当が支給されたりと、単に育休取得の促進だけでなく、その後も持続可能な働き方が根づくような仕掛けがうかがえます。

また、日本とともに世界での出生率下位を争うポルトガルは、二〇〇九年に産後一〇日間の**父親限定休業を義務化**しました。義務化期間を除いた取得率は【図2−12】の通り23・8%ですが、義務化の対象となる産後一〇日間の取得率は68%。義務化されているにもかかわらず、100%にほど遠い数字には疑問を持たれる方も多いと思いますが、これらの数値は、出生数に対しての比率であり、公務員や銀行員などが含まれておらず、実際の取得率よりも低く見積もられているようです。二〇〇〇年における男性育休取得率は11%だった同国ですので、義務化によって取得率が高まった国として、日本が見習える部分は多くあると思います。

日本の男性育休は二週間以内が主流

取得率もさることながら、筆者が注目しているのは、日本で育休を取得した人たちの取得期間です（図2−13）。

厚生労働省「平成三〇年度雇用均等基本調査」によると、育休を取得して職場復帰した男性の実際の取得期間は、五日未満が約36%、二週間未満と合わせても約71%と、ごく短期間

2-13 男性育休を取得期間別で見た割合

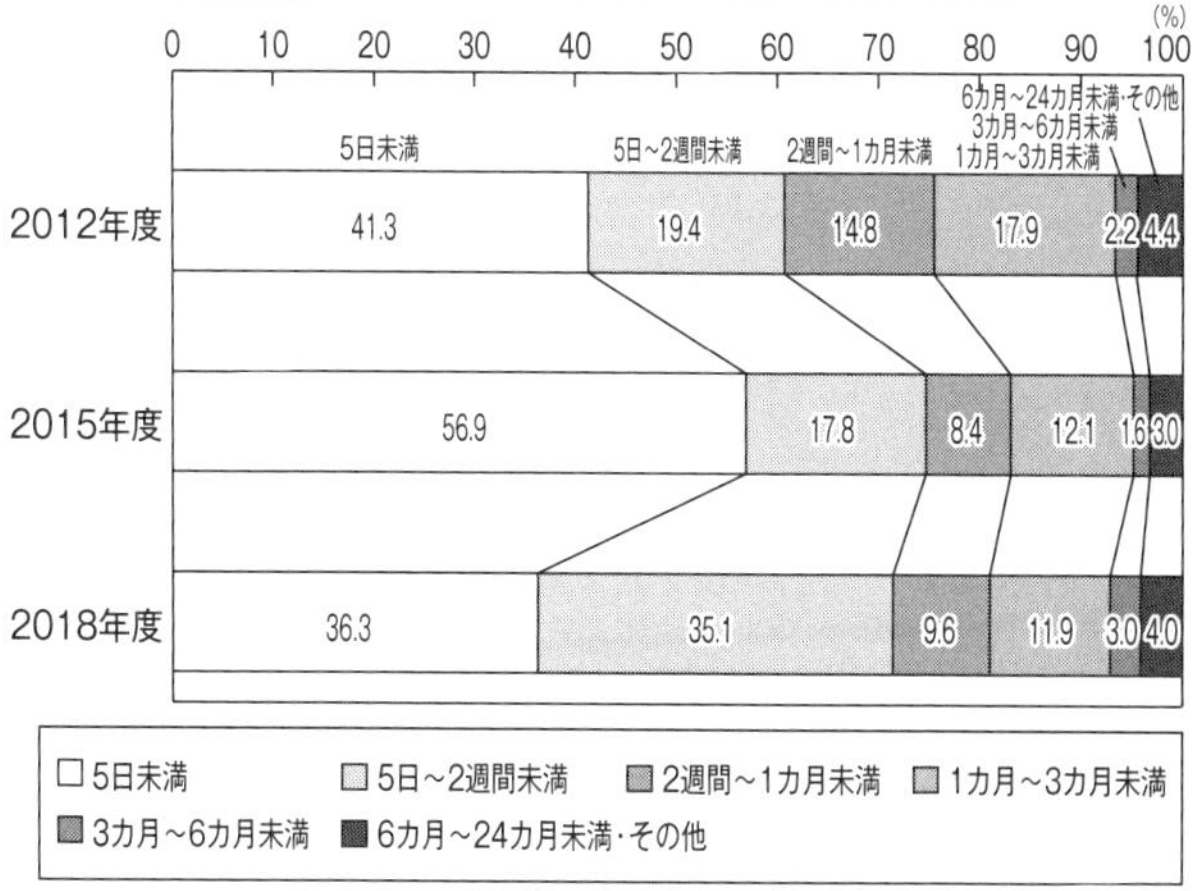

出典：厚生労働省「平成30年度雇用均等基本調査」をもとに筆者編集・作成

が大多数を占めていることが分かっています。二〇一二年や二〇一五年と比べると、五日未満の取得者数が減り、五日～二週間未満が増えたことは読み取れますが、二週間未満で括ると、二〇一二年が約61％、二〇一五年が約75％。つまり、**男性育休の取得期間は、二週間以内が標準**と言えるでしょう。女性の取得期間と比べると、その短さは歴然としています。

日本の制度は世界一？ 有償の産休・育休取得可能週数三〇週

ここまで日本が世界的に見ても出生率が低いこと、そして同じように出生率が低い国と

2-14 世界の中でも、日本の育休制度は最高水準

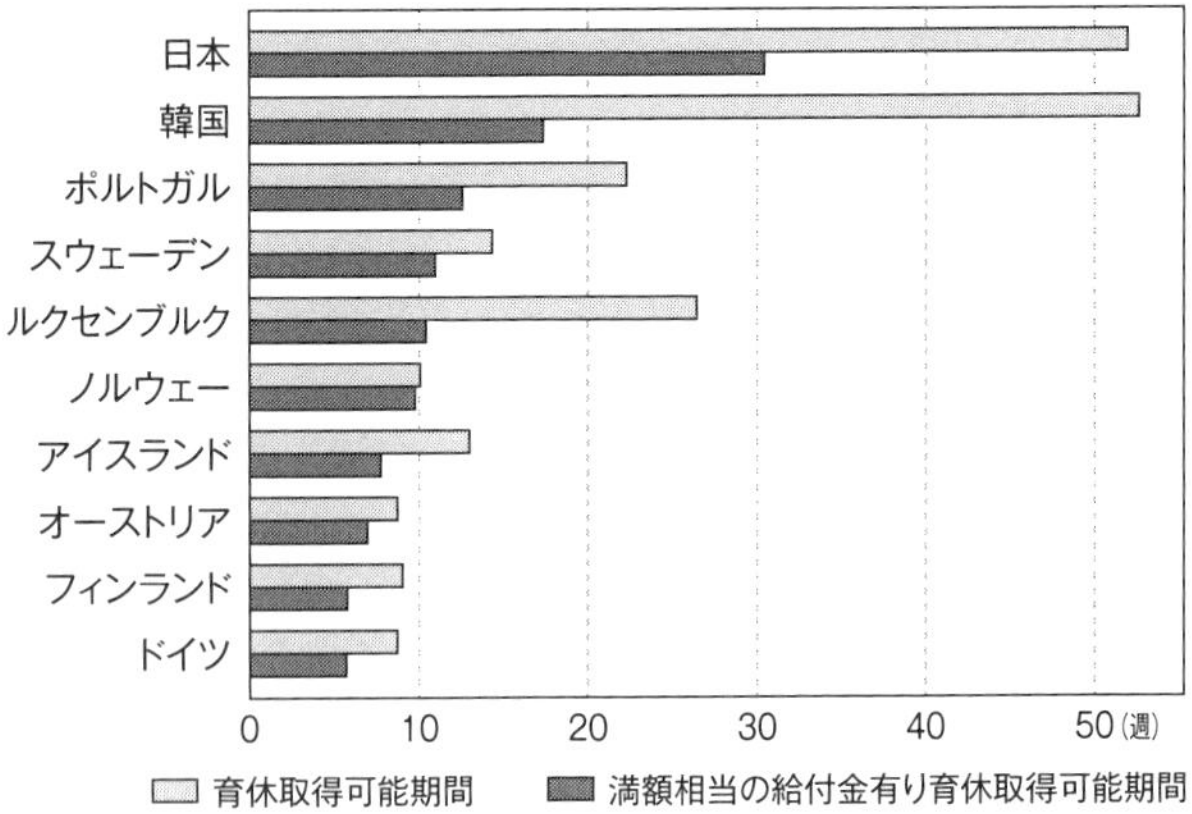

出典：国連児童基金（ユニセフ）の「世界の子育て支援政策に関する報告書（2019）」より、上位10カ国を抜粋

比べても、男性の育休取得率がいまだに一桁台と致命的に低いことを示してきました。

ただ、制度の中身に目を向けると、日本は世界的に見ても非常に手厚い男性育休制度を有しています。二〇一九年に発表されたユニセフの「子育て支援に関する報告書」によれば、「有償の産休・育休取得可能週数」において、日本は三〇週と、**取得可能週数で見れば世界第1位**。2位の韓国（一七週）、3位のポルトガル（一二週）を大きく引き離しています（図2－14）。

とはいえ、報告書では、日本の低い取得率に対して厳しい目が向けられています。**35％の男性が「取得したくても取得できない」**という日本の実態が指摘され、人手不足、男性育休が歓迎されない空気、作業負荷、育休がキャリア形成に支障をきたすなどの理由で取得が難しいことも併せて紹介されています。

なお、世界ダボス会議が毎年発表する「ＧＧＧＩ（男女格差指数）」のランキングで、日本とともに毎年下位を争っている韓国。実は韓国では、二〇〇〇年初頭に女性の育休取得率が20％を切る状況でしたが、法改正や給付金の給付率を上げるなど施策を重ね、女性の取得率はほぼ100％近くなり、男性も13％と上昇し、日本の倍の取得率となっています。

韓国の制度で面白いのは、最初に育休取得した親（主に母親）は三カ月間80％の給付で、次に取得した親（主に父親）は三カ月間100％給付となり、**パートナーに育休のバトンを渡すと給付率が上がる仕組み**になっていることです。

筆者は、待機児童対策のための法改正にあたり、二〇一七年三月に衆議院の厚生労働委員会に参考人として招致された際、男性育休の普及につながる施策として「パートナーにバトンを渡すと給付率が上がる」韓国式を提案しました。ただ、残念ながら、その年の三月末に育児休業が二年まで延長可能となり、実質女性側が育休を延長する仕組みとなったため、男性育休取得推進にはつながりませんでした。

女性だけに休業させる育休制度は、女性の長期的なキャリア形成の妨げになります。育休から復帰した女性を補助的な業務に異動させ、昇進や昇格には縁遠いキャリアコースに乗せることを**「マミートラック」**と言いますが、女性のみが休業することを前提とした育児支援は、マミートラックを助長させることになるのではないでしょうか。

世界有数の手厚い制度が整備されているにもかかわらず、男性育休の取得率が圧倒的に低い現状は、マミートラックを生み出し、日本の女性活躍を妨げる一因になっているとも言えます。

幻の赤ちゃんを抱く女性たち

ここからは、未来のパパママたちの本音を探っていきましょう。

女性のキャリアや働き方の意識変革を行なうスリール株式会社の調査によれば、まだ出産を経験していない**女性たちの92・7%が家事育児と仕事を両立することに不安を覚えている**というのです（図2-15、次ページ）。

多くの若い女性が、先輩ワーキングマザーの姿を見て、「自分にはあんなに大変な生活は無理」と感じている姿が浮き彫りになりました。最近の日本の女子学生は、就職活動の際に「幻の赤ちゃんを抱いて就活している」とも言われます。結婚もしないうちから、将来出産しても働き続けられる企業かどうかを気にしているのです。Facebook社のCOOであるシ

2-15 両立不安を抱える出産未経験の女性の割合

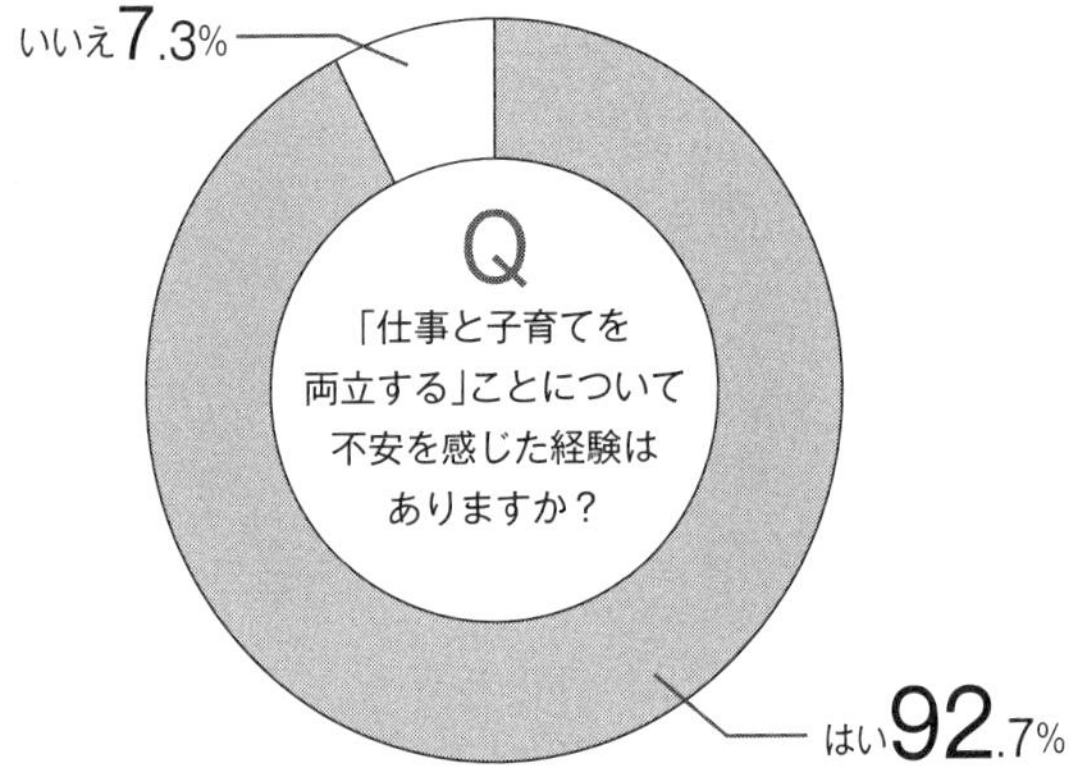
いいえ7.3%
Q
「仕事と子育てを両立する」ことについて不安を感じた経験はありますか？
はい92.7%

出典：スリール株式会社「両立不安白書」

エリル・サンドバーグ氏は、こうした不安が女性の挑戦する気質を奪っていると著書で指摘しています。現に、仕事と家庭を両立させることに不安を抱く「両立不安」のせいか、「出産後でも無理なく続けられる仕事に就きたい」と考え、バリバリと働く「総合職」ではなく補助的な仕事の「一般職」を希望する女子学生も少なくありません。

また、両立不安から転職・退職を考えたことが「ある」と答えた女性は50・4％、妊娠・出産の時期を遅らせることを考えたことが「ある」と答えた女性は46・6％（図2－16）。**多くの女性が、現在の働き方では両立が困難だと感じている**ことが分かります。

2-18 両立不安が原因で、人生の選択に迷う女性の割合

転職／退職を考える女性

Q.「仕事と子育ての両立」への不安が原因で、
転職／退職を考えた経験がありますか？

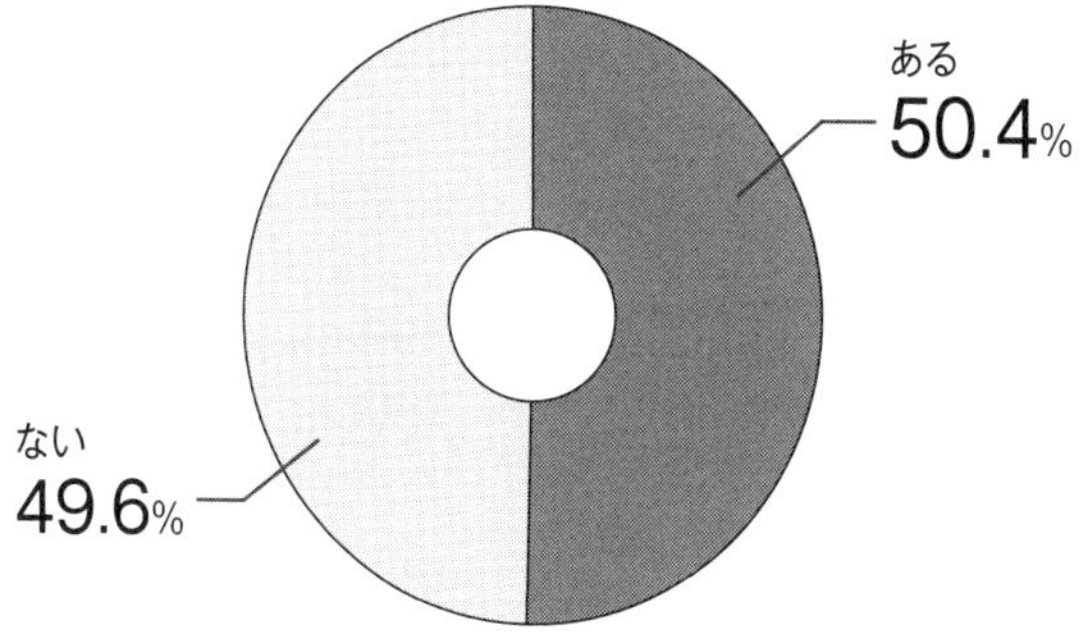

妊娠／出産を遅らせる女性

Q.「仕事と子育ての両立」への不安が原因で、妊娠／出産の
時期を遅らせることを考えたことがありますか？

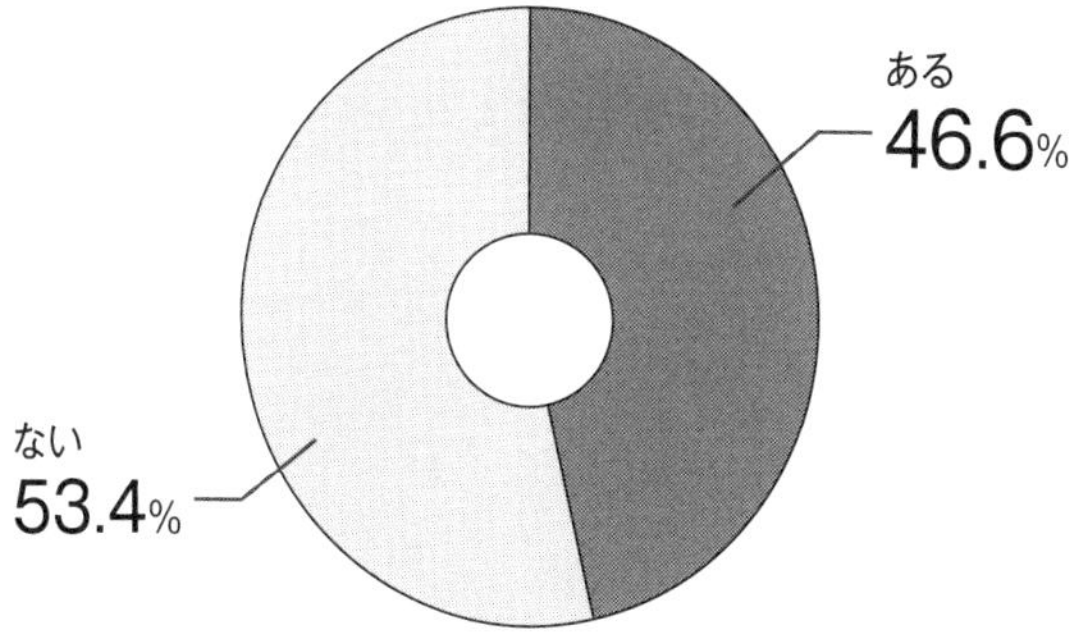

出典：スリール株式会社「両立不安白書」

2-17 将来、夫の育休取得を希望する女子学生の割合

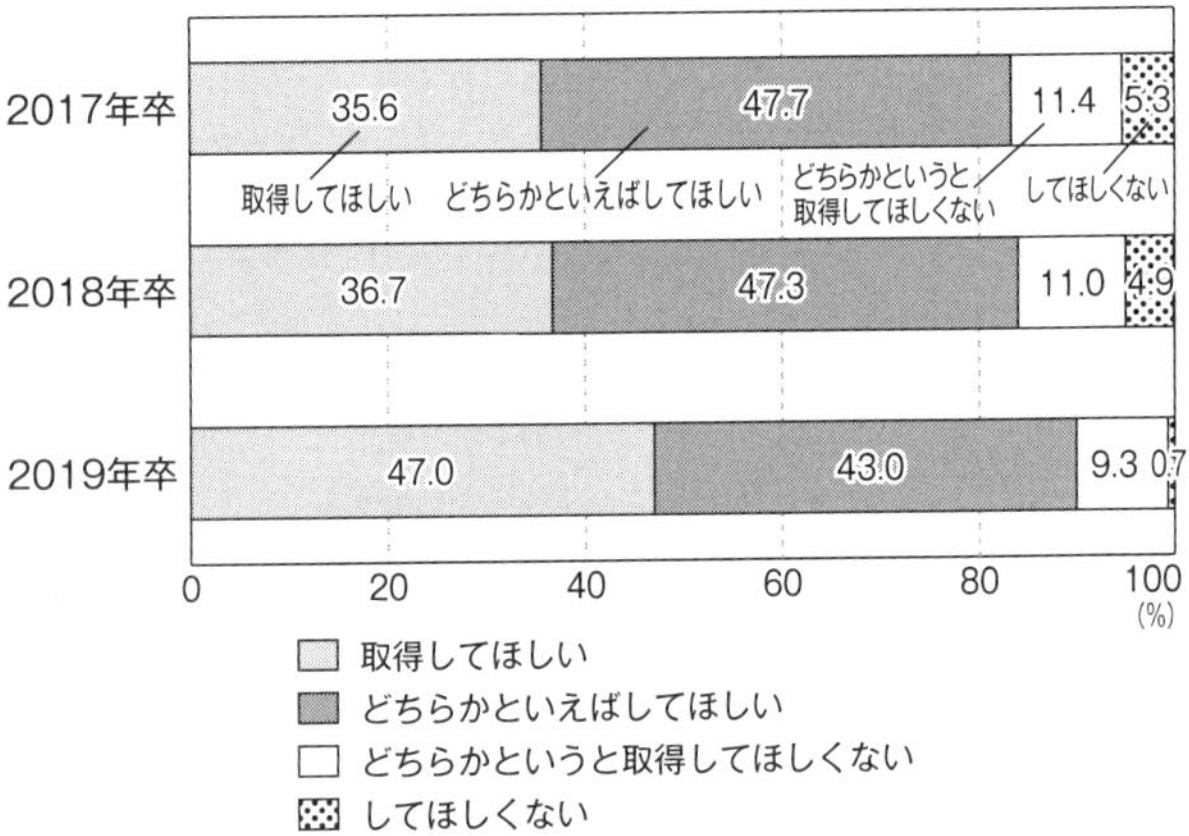

出典：ディスコ キャリタスリサーチ「女子学生の就職活動に関するアンケート調査（2019）」

将来の夫に育休の取得を希望する女子学生は九割

仕事と育児の両立への不安はあっても、二〇一九年の春に卒業した女子学生の76％が結婚後も共働きを考え、90％が将来の夫に育児休暇の取得を希望していることが、就職情報会社ディスコの調査で分かりました（図2-17）。

同社は、このような結果の背景として「仕事も育児も夫婦で分担したい」との考えが強まっているからではないか、と分析しています。

2-18 将来、育休取得を希望する男性新入社員の割合

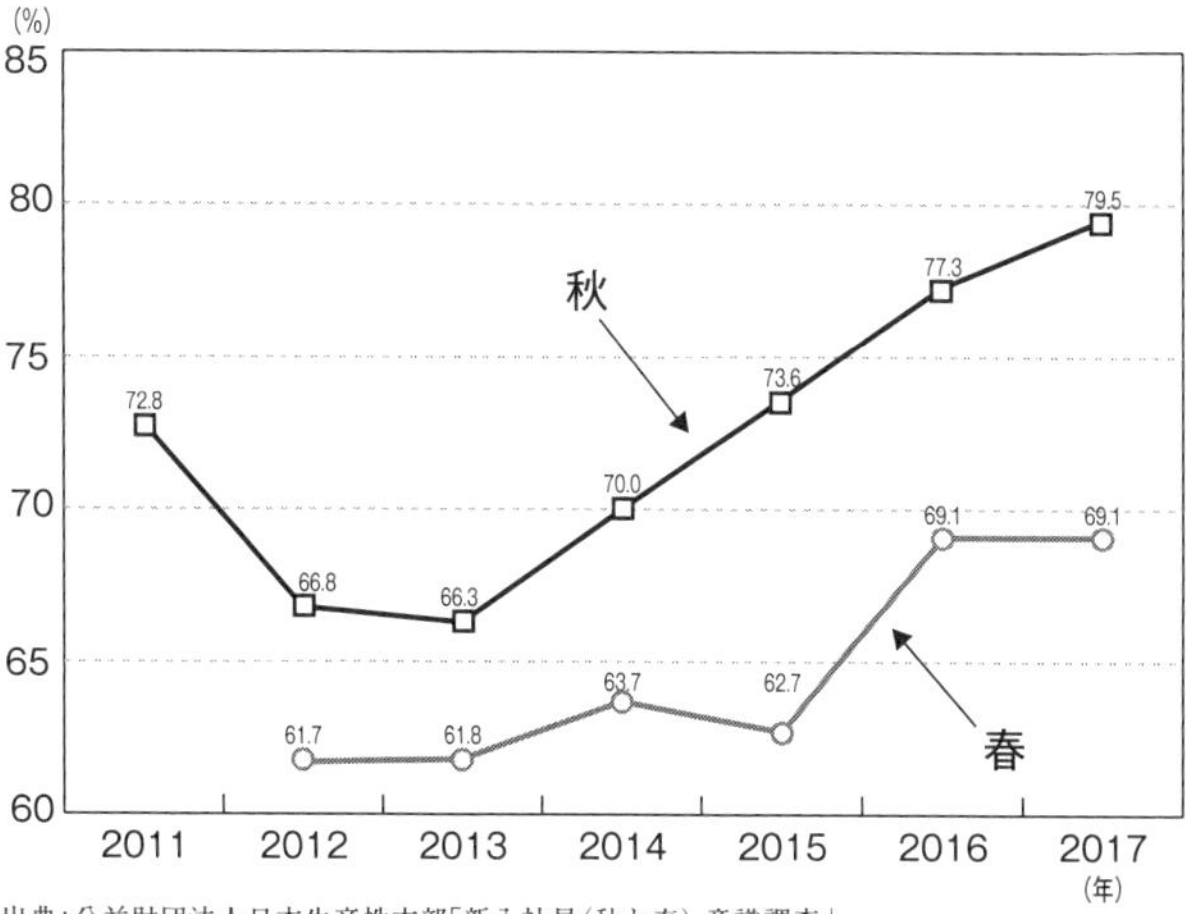

出典：公益財団法人日本生産性本部「新入社員（秋と春）意識調査」

新入社員の男性約八割が育休取得を希望

さらに、入社半年後の新入社員を対象に行なった公益財団法人日本生産性本部のアンケート結果（二〇一七年）によると、「子どもが生まれた時には育児休暇を取得したい」という問いに対して、男性新入社員の七〜八割が「そう思う」と回答しています（図2-18）。

これは、同質問を開始した二〇一一年から**過去最高の数値**だったと言います。若い男性を中心に、男性自身の意識も変化していることがうかがえます。

2-19 ミドル社員2500人のうち86%が「男性育休」取得を希望

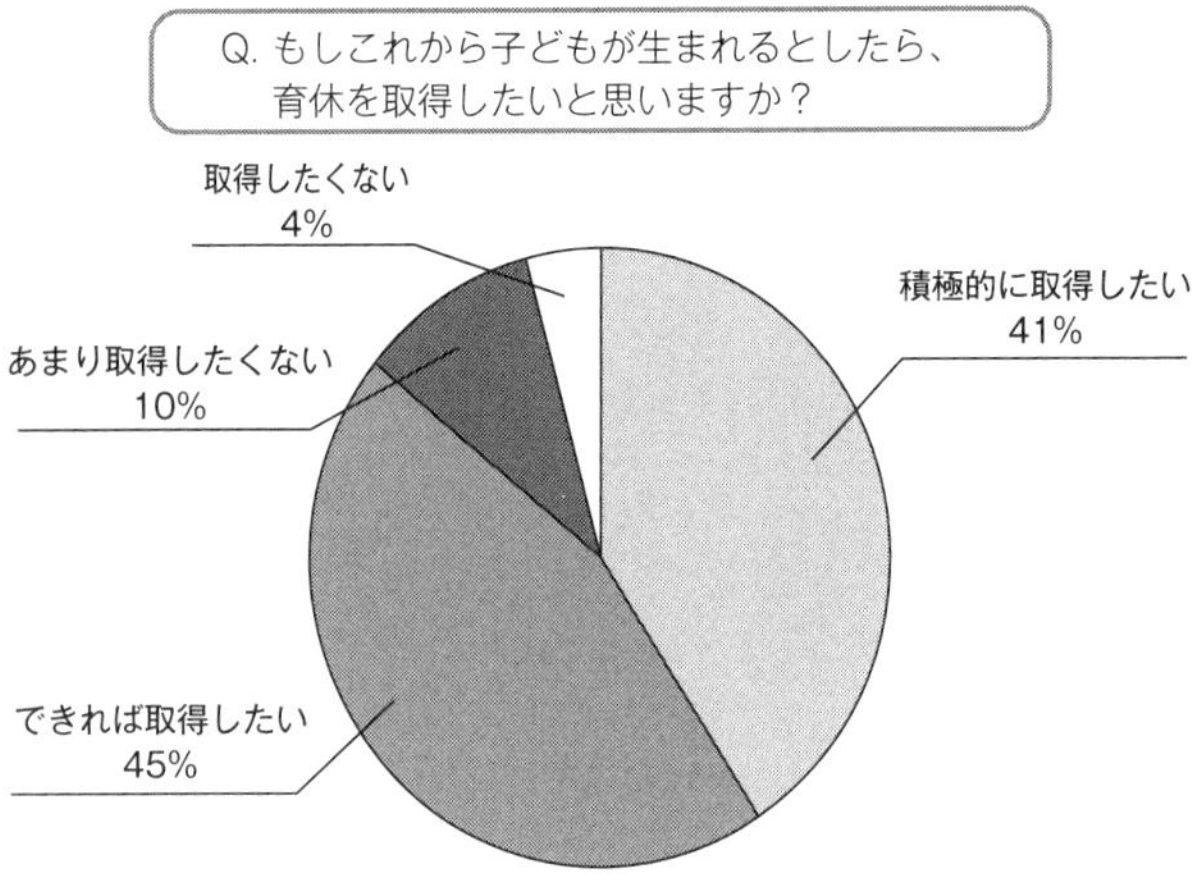

出典：エン・ジャパン「ミドル2500人に聞く『男性育休』実態調査(2019)」

男性中堅社員たちも約九割が育休取得希望

また、新入社員だけではなく、三五歳以下の子どもがいない男性社員のうち、**86%の人が育休を希望していることも**、二〇一九年に人材会社エン・ジャパンが行なった調査で明らかになりました（図2-19）。

「取得する際の妥当な期間」に対しては、「一カ月〜三カ月未満」が最も多く23%となっています。しかし、現状では、取得者の約七割が二週間以内の取得にとどまっているため、取得率も取得期間も、当事者の希望や意志がかなえられる環境にあるとは言えません

2-20　育休期間についての質問

◆男性が育休を取得する際の妥当な期間はどのくらいだと思いますか？

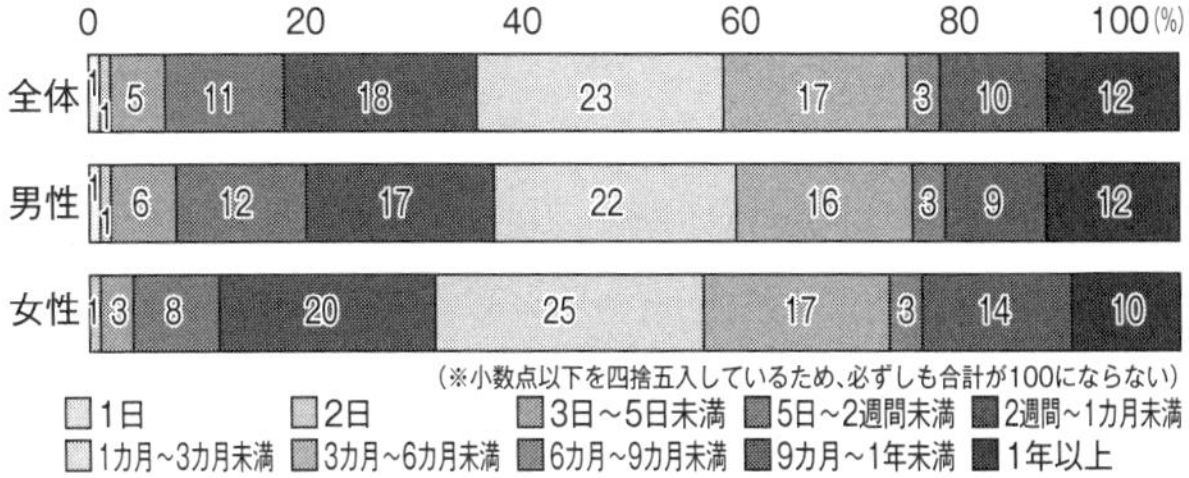

◆男性のうち、育休を取得した方に伺います。育休の期間を教えてください

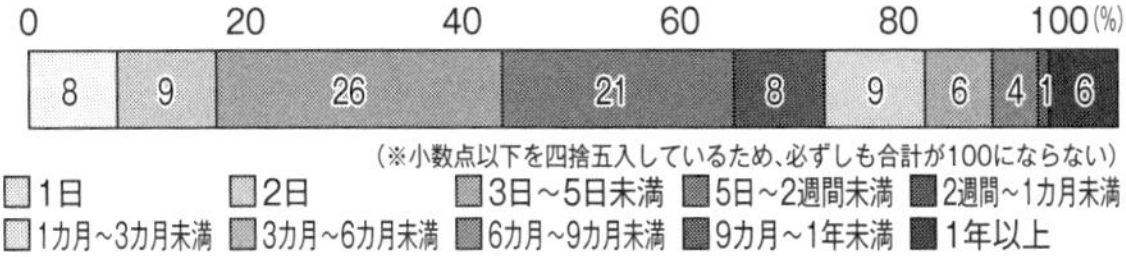

出典：エン・ジャパン「ミドル2500人に聞く『男性育休』実態調査(2019)」

(図2–20)。

「取得しづらい空気」に苦しむ男たち

では、育休取得を希望していた男性社員は、なぜ取得しなかったのか。その理由を示すデータを次に紹介します。厚労省委託の三菱ＵＦＪリサーチ&コンサルティングによる「仕事と育児の両立に関する実態把握のための調査研究事業報告書」(平成二九年度)によると、取得しなかった理由の上位三つは、①業務が繁忙で職場の人手が不足していた②会社で育児休業制度が整備されていなかった③職場が育児休業を取得しづらい雰囲気だっ

2-21 男性社員が育休を取得しなかった理由

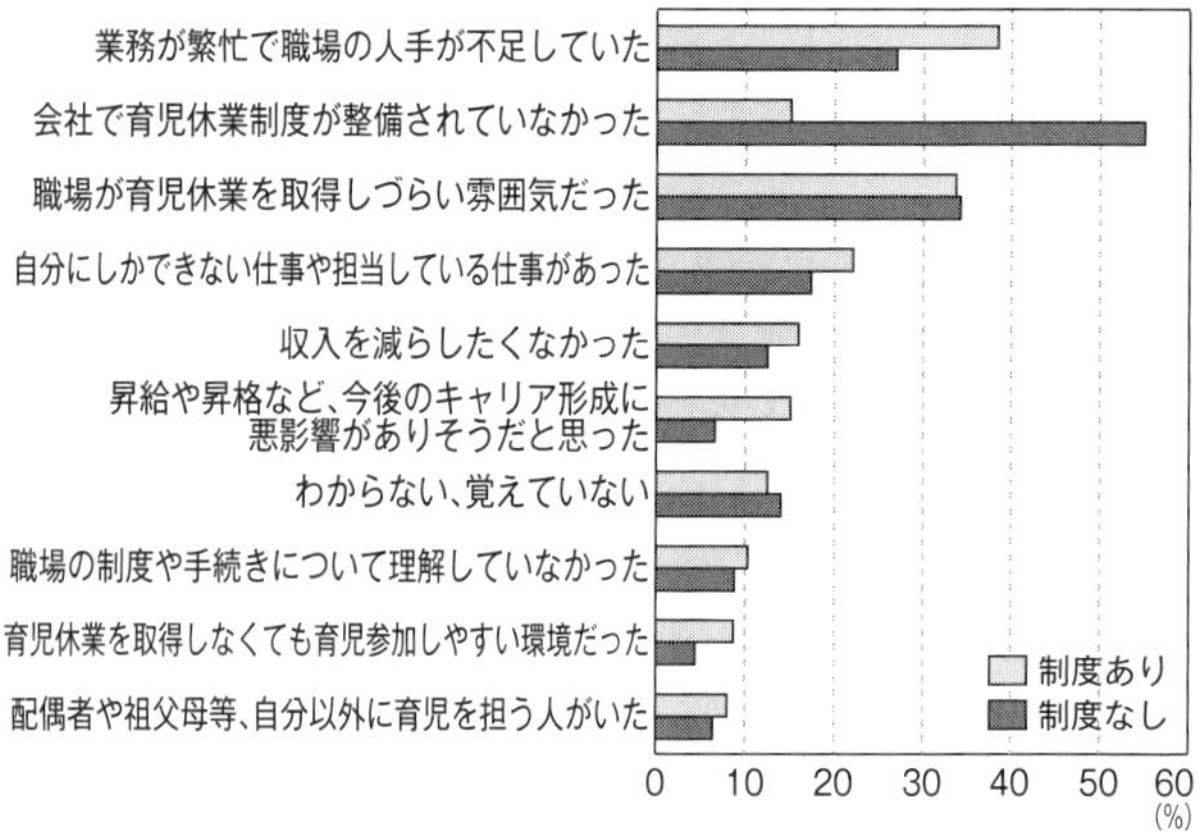

出典：三菱UFJリサーチ＆コンサルティング「平成29年度仕事と育児の両立に関する実態把握のための調査研究事業」（厚生労働省委託事業）より筆者編集・作成

た、となっています（図2－21）。

第1章の「誤解4」でもご紹介しましたが、たとえ就業規則に定められていなかったとしても、社員は法律によって育休を取得することができます。しかし、そのことを知らず「制度がない」と思っていたり、代替要員の補助金が出ることを知らず、「人手不足」を心配したりと、男性育休に関する誤解が取得を阻んでいる実態を紹介しました。それに加えて、この調査から読み取れるのは、「職場が育児休業を取得しづらい雰囲気だった」という**「職場の雰囲気」が大きな壁になっている**という事実です。

この調査では、男女別に「取得しやすい雰

2-22 男女別に見た育休を取得しやすい雰囲気

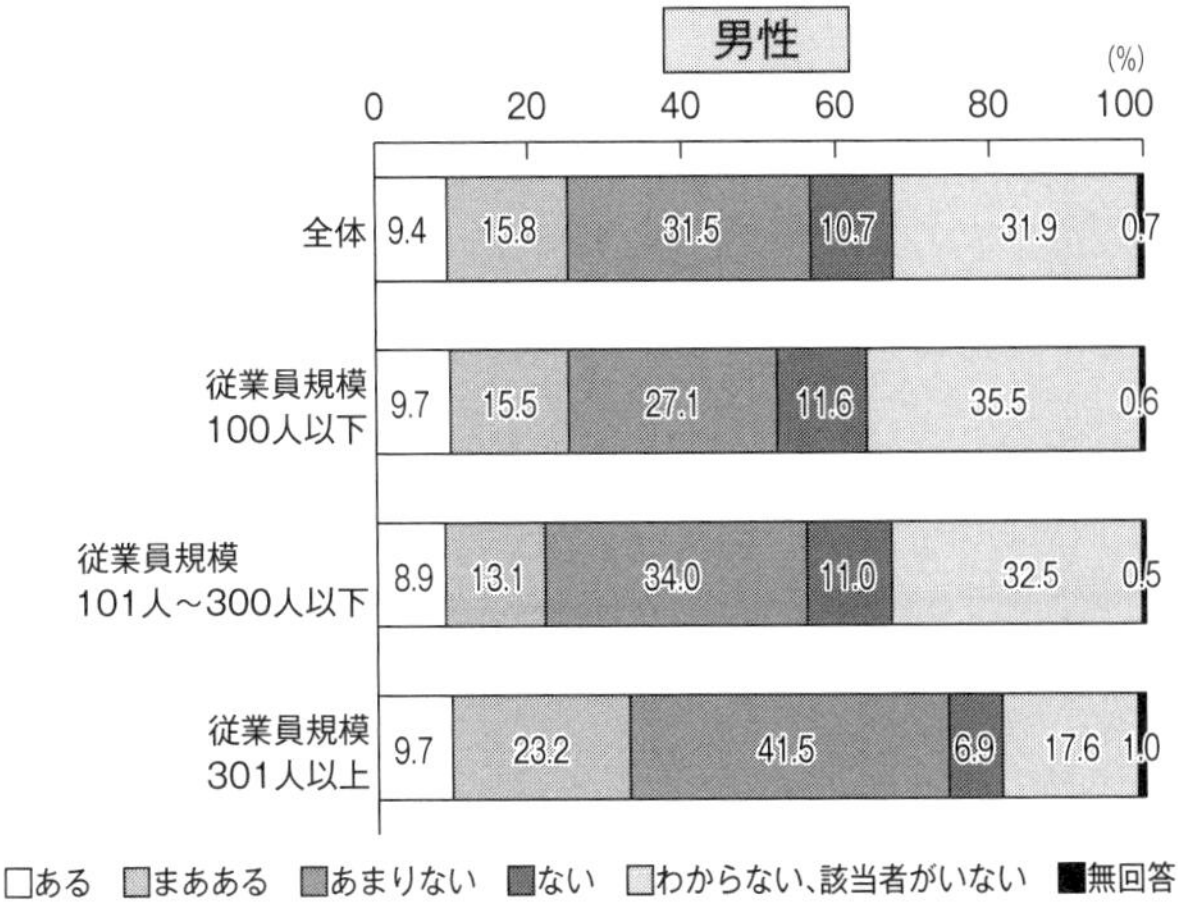

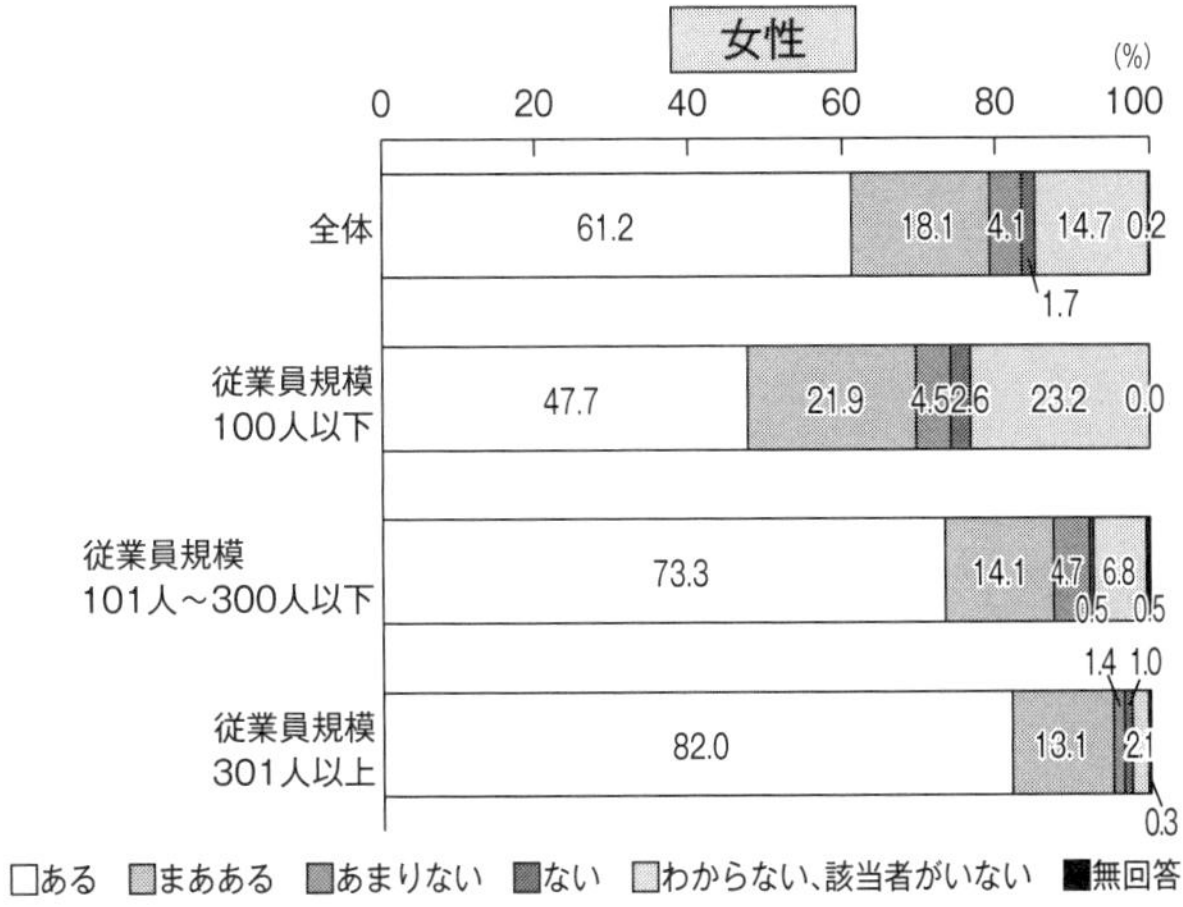

出典：三菱UFJリサーチ＆コンサルティング「平成29年度仕事と育児の両立に関する実態把握のための調査研究事業」(厚生労働省委託事業)より筆者編集・作成

囲気」についてさらに掘り下げて聞いています。「取得しやすい雰囲気が職場にある・まあある」と答えた男性は約25％だったのに対して、女性は約79％。女性の場合は実際の取得率（80％前後）と近い数字であることが分かります（図2-22）。さらに、企業の従業員規模別に見ても、男性が育休を取得しやすい雰囲気がある割合は、企業規模の大小にかかわらず非常に低い結果となっています。

また、同調査では、従業員数三〇〇人以下の企業規模（男性）になると、「（取得しやすい雰囲気かどうかも）わからない・該当者がいない」と回答する割合が30％以上に上っています（同前図）。ここから読み取れるのは、従業員数三〇〇人以下の企業では、まだまだ男性育休そのものに馴染みがないということです。

つまり、男性が「育休を取得しやすい雰囲気がある」割合については大企業・中小企業ともに著しく低く、**取得しやすい空気を醸成していくことが育休取得率向上に不可欠であると**考えられます。さらに、日本では、九割の事業所が中小企業であり、総従業員数の約三分の二が中小企業従事者であることも鑑《かんが》みると、社内での前例がない、代替人員が見つかりづらいなど中小企業特有の「取得しづらさ」に対する施策も求められると言えるでしょう。

第3章

男性育休が企業にもたらすメリット

天野 妙

これまで、第1章では男性育休取得を阻む「誤解」について、第2章では男性育休取得が進まない実態やその背景を、データをもとに解説してきました。それを踏まえ、本章では、企業や社員にもたらすメリットという観点から、改めてなぜ男性育休が必要なのか解説していきます。

多くの企業、特に経営陣や人事部にとって、男性育休は「社員の希望や世間の風潮を受けて、『受け身』で制度を整備する」といったものであったり「企業が法律によって求められる数値目標」であったりする場合が多いのではないでしょうか。

しかし、実は男性社員の育休推進は企業に様々なメリットをもたらします。理由は大きく分けて二つあります。第一に、**イノベーション人材の創出につながる**点、第二に、**優秀な若手人材確保の切り札になる**点です。

本章では、男性育休が企業にもたらすメリットを詳述したのち、男性育休を取得した当事者への聞き取り調査から分かった、当事者社員や周囲の社員の変化について考察します。

時代はイノベーション人材を求めている

現在、日本企業が切実に求めている人材の一つが「イノベーション人材（＝新たなサービス創出や技術革新を起こせる人材）」です。そして、前述した通り、男性社員が育休を取得した場合の企業側のメリットはまさに「イノベーション」にあります。

まず、イノベーションとは何でしょうか。たとえば、二〇年前筆者はフィルムカメラを持ち歩いていましたが、一五年前にデジタルカメラに買い替え、一〇年前にカメラは携帯電話の付属品となりました。この変化は、デジタル革命によるものですが、変化に対応できなかった世界最大手のフィルム会社コダックは、二〇一二年に倒産しました。

一方、同じく世界大手のフィルム会社の一つである富士フイルムは、社内でのイノベーション創出により、対照的な道を歩みました。早々にデジタル化による危機を予測し、フィルムにこだわらず、様々なイノベーションを起こしていきました。積極的にM&Aを進め、新型コロナウイルスへの効果で話題となった新薬「アビガン」などの製薬開発に乗り出し、銀塩フィルムの乾燥を防ぐコラーゲン技術を生かした化粧品開発も行なう会社になりました。

イノベーションの父と言われる経済学者ヨーゼフ・シュンペーターは「新しい知とは、常に『既存の知』と『既存の知』の新しい組み合わせで生まれる」としています。しかし、イノベーションの源泉となる「新しい組み合わせ」は、長い間同じ会社で同じ仕事に就いていると生まれにくいのです。

イノベーションを生むためには「可能な限り自分の位置から遠い『知の探究』をすること」と、経営学者の入山章栄氏（早稲田大学大学院教授）は言います。さらに入山氏は、「イノベーションには、**イントラパーソナル・ダイバーシティ**（『本業』とは異なる価値観を持った異質な場に積極的に出ていくことで、自分自身の中に養われる多様性）が必要で、それには社外に出て『知の探究』をすることが重要だ」と提唱しています。

知の探究のきっかけとなる出来事は、日常生活の中に多く隠されています。たとえば、動画共有サービスYouTubeの共同創業者であるスティーブ・チェン氏は、YouTubeのアイデアが生まれたきっかけを「友人と一緒に参加したパーティで動画を撮影したものの、それを共有するサービスがないことに気がつき自分で作ることにしたんだ」と語っています。日常の何気ない気づきが、イノベーションの源泉になるという一例です。

従来の日本企業のように、社員が毎日深夜帰宅、平日は仕事と自宅の往復の生活で常に睡眠不足といった状態では、「知の探究」など獲得できるはずがありません。男性育休は、短期間とはいえ仕事から離れ、普段接してこなかった地域社会や家事育児にフルコミットする経験を通して、社員が「知の探究」をする機会を得、「イントラパーソナル・ダイバーシティ」を獲得する貴重な機会と言えます。

人材不足の切り札としての男性育休

男性育休が企業にもたらすもう一つの大きなメリットは、若手の優秀な人材の確保です。

コロナ禍等による一時的な市況の落ち込み・採用抑制があったとしても、長期的には日本市場における若手の人材不足傾向は今後も続くことは確実です。中でも、採用に苦戦しがちなのが、ベンチャー企業や中小企業ではないでしょうか。

昨今のベンチャー企業の代表格の一つ、メルカリの事例を紹介しましょう。

同社は昨今のエンジニア不足の中、優秀なエンジニア人材を採用し続けています。その背景の一つに、同社ならではの福利厚生があるようです。同社では、住宅手当など全員に平等に行き渡る福利厚生ではなく、育休中の給与の100％保障や高額不妊治療費補助、認可外保育園にかかる差額保育料保障など、子育て世代の社員への福利厚生を充実させています。

メルカリ会長の小泉文明氏は、筆者天野に次のように語ってくれました。「子育てや介護で不安がある人に『仕事でチャレンジして』と言ってもできないでしょう。だからこそ、誰もがチャレンジできるような福利厚生にしています。福利厚生で重要なのは、全社員に同じようにメリットを与えることではありません。機会の公平性を保つことが重要です」。

子育て中でも引け目を感じなくて良い社内文化が浸透しているためか、女性社員の多くは出産から五カ月ほどで復職し、**男性社員の約九割が育休を取得**しているそうです。

また、メルカリの男性社員が育休を取得しやすい理由として、**会長の小泉氏自ら二度育休を取得している**ことが挙げられます。それにより、男性が育休を取りづらい空気を払拭しているのです。「会社の上司が育休を取ったときの部下に与える影響は、同僚同士の影響よりも二・五倍も強い」と経済学者の山口慎太郎氏（東京大学教授）も語っていますが、まさに、トップが取得することの効果が感じられる実例です。

このように、社長自らが育休を取得して、柔軟に働ける会社であることを、トップダウンでアピールしているのは、メルカリだけではありません。グループウェアを提供するサイボウズの青野慶久社長や、クラウド会計ソフトを展開するfreeeの佐々木大輔社長といった著名経営者も同様です。

「採用に困ることはない」と言い切る、新潟の中小企業

企業にとって男性の育休取得が「人材採用」につながるのは、特に中小企業において顕著です。新潟県に、**男性社員の育休取得率100%、残業ゼロで採用がうまくいった中小企業**があります。建築金具の製造業で社員数一五〇人規模のサカタ製作所です。同社では、共著者の小室の講演を機に働き方改革を実施。残業ゼロを実現し、これまで払っていた残業代・年間三四〇〇万円を社員に分配するなど、社員満足度向上に努めました。その過程で、男性社員が育休を取りたいと希望していることが明らかになったと言います。そして、取得が進まな

かった理由を探ったところ、多くの企業と同じように、社内に「取りづらい空気」があったことが判明したようです。

そこで同社では、男性社員の妻が妊娠したことが分かったタイミングで、上司とその上長の三名で面談の場を設けることにしたのです。「どの時期に育休を取るのが良いか」と事前に決め、仕事量の調整をはかったり、表計算ソフトで育休取得中の給付金の手取り額を計算して渡したりと、「取りづらい空気」だけではなく、収入の不安も取り除くことで、社員の背中を押すようにしました。その結果、同社は二〇一八年の「イクメン企業アワードグランプリ」にも選ばれ、知名度も上がり、今では採用に困ることはなくなったそうです。

男子就活生に人気の企業は、男性育休の取得率が高い

男性育休の推進が採用に効果的なのは、ベンチャー企業や中小企業だけではありません。大和証券ホールディングスは、二〇一三年度にわずか2％だった男性育休取得率が、二〇一四年度は42％、二〇一六年度は約80％にまで上昇、**直近では100％**になっています。当初、同

3-1 就職人気ランキング【男子学生版】

順位	会社名	21年卒前半総合順位	20年卒前半男性順位
1	伊藤忠商事	1	1
2	SMBC日興証券	12	11
3	大和証券グループ	4	3
4	全日本空輸(ANA)	2	8
5	丸紅	7	4
6	みずほ証券	19	14
7	日本生命保険	3	2
8	Sky	17	19
9	みずほフィナンシャルグループ	15	5
10	損害保険ジャパン	9	56

(2021年卒、前半、1〜50位)

出典:『東洋経済オンライン』2020年5月17日記事「男子就活生9500人が選ぶ「就職人気ランキング」」より

社は社内結婚が多いこともあり、女性社員の定着を図るために、積極的に男性育休取得を奨励しました。たとえば、入学式などに合わせ休暇を取得できる「キッズセレモニー休暇」や、ベビーシッター利用料への補助など、共働き支援制度の導入があります。また、男性社員が育休を取りづらい雰囲気を払拭するために、子どもが生まれた社員に育休の案内を送ったり、上司に対して部下の育休取得を促すよう指導したりするなど、社をあげて男性育休取得を推進しています。

こうした取り組みが奏功したのか、同社の男子就活生人気はうなぎ上り。二〇〇五年に働き方改革に取り組む前は、同社の就職人気ランキングは圏外でしたが、二〇一三年に男性育休を推進するとランキング9位に浮上。二〇二〇年五月発表の二一年卒・前半の結果では総合4位、男子学生のランキング3位と、学生人気を不動のものにしています（『就職四季報』調べ）。

以上、ここまで男性育休が「イントラパーソナル・ダイバーシティ」を持つ機会となり、イノベーティブな発想を生み出すこと、そして優秀な若手人材の確保につながり、企業にとって大きなメリットとなることを紹介してきました。では、実際に育休を取得した男性社員は、どのような変化を実感しているのでしょうか。筆者が行なった当事者へのインタビューをもとに考察します。

男性育休がもたらす変化① 時間当たりの生産性が高い働き方にシフト

まず、育休を経験した多くの男性が語るのが「働き方が変わった」ということです。

製薬会社の研究員である小寺さん（三八歳）もそう語った一人です。「社内で同じ立場であり、同じ給料の妻を、出産のために一年も休ませるのは申し訳ない。とはいえ自分が一年も仕事を休むなんて耐えられない……」と思った事がきっかけで、妊娠判明時に小寺さんから「僕が半分育休を取る」という申し出をし、夫婦で半年ずつ交代して育休を取りました。

社内の研究所内の男性が育児休業を取得するのは初めてのことでしたが、上司や周囲の理解もあり、取得することができました。もともと、仕事に対するモチベーションが高かった小寺さんですが、育休取得後、**最も変化を感じたのは自分自身の「時間」に対する感覚**だったそうです。以前は残業に対する意識もルーズで、今思えばダラダラと場当たり的に残業していたと言います。筆者が小寺さんの上司に話を聞くと、上司からも「復職後、小寺夫妻の時間感覚がより研ぎ澄まされた感じがします」という答えが返ってきました。

また、大手通信会社の小野さん（三九歳）も働き方が変わった一人です。妻の海外留学に帯同するため、育休を取得。キャリア志向だった小野さんは海外で約二年間の子育てを経験し、生活は子ども中心に変化。復職後には、終業後の一八時以降は子どもとの時間を尊重したいと思うようになったと言います。その結果、より柔軟な働き方を求めて外資系企業への転職を検討。面接の際「子どもが起きている間は家族と過ごしたい。一八時以降にはオフィスを出たいが、良いか」と尋ねたところ、企業側から「結果を出すことが前提だが、成果が出やすいように仕事をしてもらってOK」との返事をもらい、転職を決めたそうです。

大手ハードウェアの会社でカスタマーサポートをする永谷さん（三八歳）は元々長時間労働も惜しまず、常に職場にいる社員でした。しかし、子どもが生まれた際に妻が子育てに不安を抱いたことから一カ月半の育休を取得。そのことをきっかけに仕事中心の生活から家庭中心の生活に変わり、復職後は早く帰って家族と過ごす時間のために、**いかに仕事を効率化するか、同僚と円滑に情報共有するか**を意識して働くようになったと言います。「以前の自分と比較してみると、別人のようだと思う」と語ってくれました。

いずれも、育休取得によって、上司や人事からの指示がなくとも自主的に時間当たりの生産性を意識するようになり、**短い時間で効率よく働く生産性の高い働き方へシフトした**ことが読み取れます。

男性育休がもたらす変化② 会社へのエンゲージメントとロイヤルティの向上

従業員二〇〇人の中小企業に勤務するシステムエンジニアの小林さん（四三歳）は、「二人目ができたら、（初めての）育休を取りたい」と、妻の妊娠前から上司や社長に事あるごとに話してきました。なぜ妊娠前からかと言うと、二人目の子どもについて夫婦で話し合っていた際に、妻から「二人目の時はあなたに育休を取ってほしい」と言われたためです。それまでは自分が育休を取るという発想がなく、驚いた小林さんでしたが、次第に「妻のキャリアを損ないたくない」と考えるようになりました。そのため、**妻の妊娠前から育休取得の希望をアピール**していたのです。

しかし、小林さんは大企業のシステム保守を担当していました。その仕事は難易度が高いことや、進行中のプロジェクトが複数あったことなどから、なかなか代替要員が見つかりませんでした。そのような中、活路を開いてくれたのが、小林さんの上司でした。同じ職場にいた他企業のプロジェクトメンバーから、代替要員を見つけてくれたのです。その結果、小林さんは当初の予定から三カ月遅れて、一〇カ月の育休を取得することができました。

社内ならまだしも、社外の人材まで含めて探すのはよほどのことです。小林さんの上司に「なぜそこまでして小林さんに育休を取らせてあげようと思ったのですか？」と尋ねたところ、「育休を取れないことで、小林さんに辞められてしまったら、もっと困る。普段からよくやっている小林さんの希望を何としてもかなえたかった」という答えが返ってきました。

その上司は子どもがいなかったため、小林さんは当初「『男が育休なんて……』と理解されないのではないか」と不安に思っていたようですが、「上司の思いが本当にうれしかったし、小さな会社なのに取得させてくれて、**会社に恩返ししたい**と思った」と筆者に語ってくれました。

組織論の書籍では、しばしば組織への社員のエンゲージメント（愛着）やロイヤルティ（忠誠）が重要だと語られますが、報酬以外でどうやって形成させるのか、具体的には述べられていないことが多いものです。小林さんの事例は、そのヒントになる好例だと思います。

反対に、上司の対応次第で、部下のエンゲージメントとロイヤルティが低下してしまう例もあります。大手総合ＩＴベンダーからワーク・ライフバランス社に転職した川本さん（三八歳）は、第一子誕生時は前職で営業職についていました。仕事柄、長期の育休を取ることはできませんでしたが、自分のため、妻のためにも育児に関わりたいという思いから、育児時間を確保しようと、短時間で効率よく仕事をする働き方に変えることにしました。しかし、顧客からは「何かあったらいつでも駆けつけ、対応するのが営業の役割だ」と言われ、いくら別の方法で対応の工夫をしても、即時対応できないことで満足度を下げることに。このタイミングで、上司から配置転換を告げられ、長時間労働ができないことで自身の評価を下げられたと感じたそうです。

会社へのエンゲージメントやモチベーションが下がった川本さんは、育児も仕事も尊重し、両立できる働き方がしたい、同じような悩みを持つ人を助けたいと考え、ワーク・ライフバランス社に転職。今の職場では、育児や介護などをしながら仕事をしているメンバーも多く、また、そのような事情の有無にかかわらず仕事を属人化させない働き方をしているため、仕事と家庭の両立が実現できているそうです。第二子誕生時には六カ月の育児休業を取得。この育休で**会社へのエンゲージメントがより高まった**と言います。

育休を希望する社員は、二〇代後半〜三〇代の中堅が多く、即戦力として活躍している人材が多い世代です。現場の上司の理解不足等により本人の育休取得希望をかなえられなかった結果、こうした**即戦力人材の離職を招き**、**長期的な損失につながるケース**が散見されます。反対に、育休を取得した社員の場合、会社へのエンゲージメントやロイヤルティが上がっていました。第2章で見たように、昨今では若手男性社員の約八～九割が育休取得を希望しています。社会学者の佐藤博樹氏（中央大学教授）は、「子育てを含めた従業員の仕事と生活の両立を支援することが、従業員から高い勤労意欲を引き出すための労働条件、つまり**『新しい報酬』**なのである」と著書で述べています。社員のモチベーションの維持や離職防止（リテンション）のためにも、男性育休の推進は大きな鍵となるのです。

男性育休がもたらす変化③ 周囲の社員や部下の成長機会に

男性育休を取得した当事者からは、「働き方が変わった」ことや「エンゲージメントやロイヤルティが上がった」というプラスの声がありましたが、その周りの社員たちには、どのような変化があったのでしょうか。

「**マネジャーの自分が取得したことで、部下が成長した**」と語るのは、大手情報会社の管理職である向井さん（三三歳）です。向井さんは第二子誕生時に一年間の育休を取得。向井さんの会社では二〇日間の育児休業（有給）を分割して取得できますが、管理職で一年間もの長期間、育休を取得するケースは初めてだったと言います。

育休中、「部下に迷惑をかけてしまっているのでは」と心配していた向井さんですが、そんな不安は、復職後に部下たちの成長した姿を目の当たりにして一蹴されました。「メンバーが主体的に考えるようになっていました。これまでは自分がつい口を出してしまうところがありましたが、復職後、部下はこの仕事を何のためにやるのかと、視座を上げて考えるようになったと感じました」と向井さんは振り返ります。また、「自分が取得することで社内では他の男性メンバーが育休を取りましたし、営業や採用の場面で社外の反応も良く、**社内外で良い効果が出ている**と感じています」と語ってくれました。

向井さんが語った内容で最も印象的だったのが、「マネジャーの仕事は、部下がどのように働きたいかを実現させてあげること」という言葉です。「今週は子どもの勉強を見てあげるために早く帰りたい、残業してでも仕事をしたいなど、会社には多種多様な人がいます。タイミングによって働き方の希望も違うのです」。向井さんは自らが育休を取得し、これまでとは違った働き方の視点を獲得することで、**多様な価値観を持つ部下をマネジメントするコツを体得**されたのではないかと思います。また、向井さんの会社の社長は育休取得経験者で、従業員満足を経営の中心においています。筆者は、中間管理職である向井さんが自らの言葉で「従業員満足とは何なのか」を語っている姿を目にし、社の企業理念がしっかりと社員に浸透しているのを感じました。筆者はこれまで、本業の企業コンサルティングで多くの企業内部を見てきましたが、トップの企業理念に基づいた部下育成が成功した良い例だと思います。

また、筆者たちとともに活動をしている、認定NPO法人フローレンスの代表理事・駒崎弘樹さんも、自身が育休を取得したことで、部下の成長を実感した一人です。取得前は「経営者の自分が二カ月も休んだら、会社が回らないのではないか？」「(仮に回ったら) 自分の存在意義がなくなるのでは？」などと、様々な心配や葛藤があったようです。しかし、部下への権限委譲を進めて育休を取得した結果、**部下自身が自らの判断力を高め、どんどん成長したこと**が分かったそうです。

駒崎さんは、「経営者として本当に必要な仕事が何かを見極めると、その量は従来の一〇分の一程度になった」と笑います。「これまでも自分と部下の働き方を改善してきたし、頭では分かっていたつもりでした。でも実際に『職場に行かない』という状況を作ることで、組織としてさらなる進歩を遂げることができたのです」と言います。

駒崎さんは**「男性育休＝サバティカル」**という考え方も提唱しています。サバティカルとは、アカデミア分野でよく使われる「長期休暇」のことです。どんなに優秀な研究者でも、同じ研究に何十年も没頭すると視野が狭くなります。そこで、新しい視点を獲得するために、一定期間休業して、別の分野の研究をしたりするのです。サントリーの新浪剛史社長も「男性の育休はサバティカルだ」と認識されており、以前筆者が行なったインタビューで、その必要性を語ってくださいました（ハフポスト二〇一九年七月二五日記事）。男性は留学でもしない限り、仕事から一定期間離れる機会は皆無です。育休で一定期間仕事から離れるのは、凝り固まった自分の**思考の枠を広げ、視野を広げる絶好の機会**でもあると言えるでしょう。

男性育休がもたらす変化④　部下の育休で上司のマネジメント力が向上

最後に取り上げるのは、「部下が育休を取得したことで、自身のマネジメント力が上がった」と言う、中村さん（五三歳）のケースです。中村さんは、前述の小寺夫妻の上司であり、専業主婦の妻を持ち、労働時間に制約のないスタイルで仕事をしてきました。そのため、もともと「男性が育休を取るなんて考えられない」という価値観だったと振り返ります。妊娠報告の際に部下二人（小寺夫妻）の希望を聞き、「半年間も……そういう時代になったのか」と驚いたそうです。

しかし、小寺さんの妻の仕事ぶりを知っていた中村さんは、すぐに二人の希望を受け入れました。中村さんは、会社の制度を念入りに調べ、年度をまたがない方が昇進・昇格に影響が少ないことなどを小寺さんに伝え、育休取得を支援したそうです。

中村さんは、小寺さんが「育休を取りたい」と言った際、「少し待ってほしい」や「前例がない」などの消極的なコメントをしませんでした。その理由を筆者が問うと、中村さんから返ってきたのは「研究員は職業柄、常にプランB（＝代替案）を考えているので」という答えでした。

「上司の仕事は、チームメンバーの工数管理です。事前に休むことが分かっていれば、それを組み替えればいいだけのこと。自分ができるのは、そのために仮説を立てて、検証することです。つまり、考え方は科学的な実験と同じです。一つの方法がうまくいかなければ、また別の方法を考えて、新たな仮説を立てて検証していけばいい。チームメンバーの不在をチーム全体でどう埋めるか。それを仮説検証できたのは、**チームにとって財産になる**。今後、欠員ができた時の仮説の精度が上がりますから」と語ってくれました。中村さんは、小寺さんの不在をポジティブに受け止め、それをチームマネジメントの経験へと変えていきました。中村さんの事例は、上司の受け止め方次第で部下の育休取得がプラスの効果を生むことを示す好例と言えます。

高い男性育休取得率を誇る企業から学ぶ、導入の知恵

このように、男性社員の育休取得を推進することは、会社にとって、そして社員にとっても様々なメリットをもたらします。

では、高い男性育休取得率を誇る企業は、具体的にどのような制度を導入し、運用しているのでしょうか。

前述したサカタ製作所では、育児休業中の給付金を計算したり、社長が育休取得の利点を発信したりするだけでなく、**直属の上司が取得を促す**ことで男性育休取得率100％を実現していました。

一方、「育休必須化」の制度を設けたのが、リクルートコミュニケーションズ（現リクルート）です。同社は二〇一六年四月から、五日間の育休取得必須化を制度化しました。今でこそ男性が育休を取ることが当たり前の社風になっていると言いますが、導入当時は社会的にも男性育休が一般的ではなく、社内には「育休を取得しても、キャリアは保障されるのか？」「休業中の仕事はどうすれば良いのか」といった、不安を訴える声も上がったといいます。しかし、同社では、単に男性の育休を推奨するのではなく、「**必須化**」にこだわりました。

というのも、同社は女性活躍・ダイバーシティ推進を当時から進めており、育児や介護などを抱えた社員が「後ろめたさなく働ける」組織にしたいと、長時間労働を減らす取り組みなど様々な施策を実施していました。清水淳社長（当時）は「『残業が当たり前』を『残業は非常識』に変えること。一見非常識に見える『**男性の育休**』**を常識に変える**ことで、会社の『普通』、ひいては社会の『普通』を変えたい」と男性育休に取り組んだと言います。

社員の不安解消のため、「働きながら積極的に育児に取り組む男性社員の経験談をまとめた冊子を配布する」「マネジメント層が男性育休取得を宣言する」といった施策を経て、取得率は100％となりました。その結果、従業員満足度調査で「（仕事と子育てが）両立可能な会社かどうか」の設問に対し、「難しい」寄りだった回答が「可能」寄りに変わっていったと言います（ハフポスト二〇一九年一月三〇日記事「『激務』だったはずのリクルートで男性の育休が必須化　やってみたらどうなった？」取材時点）。

独自の制度を設けて、取得率を向上させた企業の例もあります。**「イクメン休業」**を設けた積水ハウスです。仲井嘉浩社長がスウェーデンに視察出張した折、郊外の町でベビーカーを押しているのがほとんど男性だったことに衝撃を受けたと言います。

仲井社長は、帰国後、率先して制度改革に動きました。三歳未満の子を持つ男性社員に対して、**一カ月以上の育児のための休暇を義務づけ、取得率を100％に引き上げた**のです。加えて、最初の一カ月間を有給にし、最大で四回に分けて取得可能としました。社員に向けた社内研修では、仲井社長が「家族と幸せになれない社員は（顧客に）幸せな家を提供することはできません。この制度を活用して、幸せな家庭を築いていただきたい」と呼びかけました。ここまでの改革をしても「制度導入後、業績は全く落ちていない。**準備さえしっかりすれば、生産性を落とさず休める**と実感した」と仲井社長は語っています（二〇二〇年七月四日京都新聞夕刊）。

特徴的なのは、この制度名を「イクメン休業」と称し、社内外にノウハウや調査結果を公表し、周知したことです。また、対象社員に「家族ミーティングシート」を配布し、家族とともに育休取得の目的を考え、現状の家事育児タスク→産後→復職後のタスクの分担を話し合って「イクメン休業取得計画書」を作成するという仕組みなのだそうです。さらに、妻と話し合った事実確認として、妻の記名押印が必要となっており、それを上司へ提出させているという徹底ぶりです。

同社がイクメン休業を取得した社員を対象に実施したアンケートでは、本人及び配偶者の九割以上が制度に対して「満足している」という結果となり、社内でも高評価を得ました。

同社では、これらの取り組みをまとめたデータをホームページ上で公開しています。「家族ミーティングシート」は、子どもがいる家庭にどのような家事育児タスクがあるのかを理解することができます。このような情報は日常の労働時間管理などにも関わるため、男性育休を推進したい企業にとって大いに参考になると思います。

男性育休に消極的であることの経営上のリスク

ここまで、経営戦略として男性育休を積極的に取り入れている企業を取り上げましたが、ここからは男性育休に「消極的」であることが、企業経営においてリスクとなる事例を紹介します。

起こり得るリスクは主に二つあります。**株価下落リスクと訴訟リスク**です。

まず、株価下落リスクから解説しましょう。第1章でも触れたように、育休を取得した男性に対して、企業が復帰後に本人の意にそぐわない異動を命じるなどのパタハラが生じていることが、二〇一九年の「カネカショック」を筆頭に明らかになっています。社員やその家族のいわば内部告発によるパタハラ事例は、近年ＳＮＳを中心に炎上を引き起こしています。この炎上により、企業価値が大幅に低下する事態を招く企業も出ており、その事例の一つが、第1章で詳述したカネカです。カネカの株価は、パタハラ疑惑で炎上した直後に急降下。三日後には年初来安値をつけ、企業価値の大幅な下落を招きました。

次に、訴訟リスクです。二〇一七年、三菱ＵＦＪモルガンスタンレー証券に勤める機関投資家営業部・特命部長職のグレン・ウッド氏が、自身の育児休業をきっかけに仕事を干され、その後、正当な理由なく休職命令を受けたとして訴えを起こしました。結局二年半にわたる長き裁判の結果、二〇二〇年四月に東京地裁で敗訴が決定。ウッド氏の主張は退けられる形になりましたが、ウッド氏は控訴する方針と報じられています。企業にとって、訴訟はなるべく抱えたくないもの。ましてや、今回の一件は、メディアにも多く取り上げられたため、**企業のブランドイメージ低下**につながったのは確実です。他にも、育休復帰直後に出向を命じられるといったパタハラを受け、精神的な苦痛を受けたなどとして、二〇一九年六月にスポーツ用品大手アシックスを男性社員が提訴。四四〇万円の慰謝料支払いを求めて係争中です（二〇二〇年七月時点）。

米国では、パタハラ訴訟で原告が勝訴した事例もあります。米銀行大手ＪＰモルガン・チェースの育児休業制度は男性社員に対して差別的だ、として訴えた男性社員らに対し、**企業**

側に五〇〇万ドル（約五億五〇〇〇万円）の和解金支払いが命じられました。そのほか、米国では、産育休取得期間の男女差別においても高額な和解金が支払われた例もあります。二〇一七年八月、米化粧品会社大手のエスティローダー社に勤める男性社員が六週間の育休取得を同社から拒否されたことを受け、六週間取得できる女性に対して、男性はわずか二週間しか取得権利がないのは、不平等に当たると提訴。裁判の結果、同社は一一〇万ドル（約一億二二〇〇万円）の示談金の支払い、及び、育産休の規則変更を命じられました。和解から約一年後、同社は、最大二〇週間に及ぶ有給の産育休を男女ともに付与することを発表しています。

日本では、まだ原告が勝訴した事例はありませんが、男性の育休取得に消極的な態度でいるリスクがもはや無視できなくなっている時代状況は、多くの企業管理職が知っておく必要があると思います。

価値観を変えないマネジメント層は責任を問われる時代

二〇一九年四月から、改正働き方改革関連法が施行され、一年間に最低五日の有給休暇を各社員に消化させることが企業に対して義務となり、さらに今まで実質的にはなかった労働時間の上限が設定されました。また、二〇二〇年四月から、同じ仕事に対しては同じ賃金を支払わなければならないという「同一労働同一賃金」も定められ、同年六月からパワーハラスメント防止のための措置を、企業に義務付ける法律が施行されています。

近年このような法律が続々とできてきたのは、取り返しのつかない残念な事件が多数起きているためです。中でも二〇一五年に起きた電通社員の過労自殺事件は社会的にも大きなインパクトがありました。東大卒の新入社員が一三〇時間を超える残業などの過重労働の上にパワハラを受けて自殺した事件です。翌年の複数回にわたる是正勧告後も、同社では違法な時間外労働が全社的に常態化しているとして、強制捜査の後、当時の上司が書類送検、その後同社の石井直社長（当時）が引責辞任をすることとなりました。

他にも、二〇一四～一七年にかけて、三菱電機の技術職や研究所の男性社員五人が、長時間労働が原因で相次いで労災認定されました。さらに、そのうち二人が過労自殺だったことが明らかになっています。また、二〇一九年八月に上司からのパワハラが原因で自殺した同社新入社員が遺したメモには、日付入りで「そこの窓から飛び降りて死ねと言われた」といったことが細かく書かれていました。その後、上司は自殺教唆《きょうさ》容疑で書類送検され、不起訴になったものの、残念ながらインターネット上では実名が公開されていますし、失職しなかったとしても社内で難しいポジションになると考えられます。

つまり、自らの価値観をバージョンアップさせずに従来のマネジメント手法を信じていると、相手はもとより、**自分や家族の人生をも棒に振る**ことになります。それは中間管理職でも、代表取締役であっても同じで、マネジメント層の責任を問われる時代なのです。

であるならば、積極的に新しい価値観に耳を傾け、自分を変えていくことが社会システムの改善にもつながり、自分も含め多くの人を幸せにします。ここまで述べてきたように、**「男性育休」は当人のみならず全ての社員の価値観を変える大きなチャンス**となります。男性育休は、いわば社会を変えるレバレッジポイント（梃子の原理で小さな力が大きな結果を生む点）です。ゆえに、筆者天野と共著者小室はあえて「男性育休の義務化」という〝パワーワード〟を使っています。

諸外国では男性の育休を義務化している国がいくつかあります。「義務」は強制力のある強い言葉で、普及のスピードを加速させる力があるからです。妊娠適齢期の女性の人口が劇的に減少している今だからこそ、そしてこれ以上悲しい事故や事件が起きないためにも、加速度的に男性育休の普及を推進しなければならないと筆者たちは考えています。

そのために、子育てしやすい社会の実現に尽力してきた筆者の天野妙、ワーク・ライフバランスの普及に努めてきた共著者の小室淑恵、そして、病児保育と小規模保育室の創設普及に努め子育てワーカーを支えてきた駒崎弘樹さんが集まり、日々頭をひねってきました。次章では、改めて「なぜ義務化なのか？」という点について、これまでの論点を振り返りつつ、考察したいと思います。

Column

男性育休取得の最後の障害は、ボーナスと昇進？

天野　妙

●育休中・育休後のボーナス・昇進はどうなる？

「育休を取りたいが、ボーナス（賞与）が減るらしく、金銭的影響が大きすぎる」

「自分の会社では、育休を取ったらその期はD評価になると聞いた。せっかく前期にA評価をもらったのに、出世スピードに影響が出るのではと心配です」

最近、育休を取得する男性たちから、「賞与」と「昇進」への影響を懸念する声が聞かれるようになってきました。これらは今まで出産する女性社員のみの懸念として捉えられ、残念なことに課題としてあまり注目されてこなかった問題です。

「賞与」は、企業によっては賞与設定がない場合もあり、企業ごとに査定基準が異なっています。育休を取得した場合、賞与は前期の目標到達度合で決める企業もあれば、取得期間によって一定の賞与水準を定めている企業もあります。

「昇進」についても、育休を取得してもほとんど影響がない企業もあれば、たとえ育休取得が一カ月であっても、その期間は最低評価がつく規定になっている企業もあり、育休取得の影響は企業ごとに様々です。

一方で、自社の人事制度の詳細を知らず、過度な懸念が一人歩きをしている場合もあります。実際に育児・介護休業法（一〇条）ではどのように規定されているのか、見ていきましょう。

育児・介護休業法　第一〇条

事業主は、労働者が育児休業の申出をし、又は育児休業をしたことを理由として、当該労働者に対して解雇その他不利益な取扱いをしてはならない。

このように、法律では、労働者が育児休業の申し出・取得したことを理由に事業者が解雇・その他の不利益な取り扱いをすることを禁じています。不利益な扱いというのは、以下のようなものです。

1. 減給・賞与の不利益な算定
2. 昇進・昇格の不利益な評価
3. 不利益な配置・異動などの変更

つまり、**育休を取得したからといって、不当な賞与算定や評価はできない**ことになっているのです。よって「賞与」は、評価期間中に出勤した割合に応じて支給されるのが基本的な考え方です。一般的には賞与は業績連動の数字に出勤係数（出勤率）を掛けて算出しているため、育休を取得した期間は、全期間出勤しているケースよりも金額が低くなることが多いでしょう。

たとえば、賞与算定期間の六カ月のうち、二カ月間休業した場合を考えてみましょう。この場合、算定期間の三分の二は出勤しているため、賞与は「同期間で同じ成果を上げた社員の三分の二程度になる」ということです。これは「ノーワーク・ノーペイ」の原則で、働いていない期間は、会社から対価は支払われないというものです。全期間出勤している社員との公平性を考えれば、ある程度低くなることはやむをえないと理解できます。なお、休業期間相当より著しく低い場合は不利益扱いと考えられ、パタハラ（あるいはマタハラ）として申し立て可能なケースとなります。

ちなみに、**同じ年収であっても、ボーナスの有無で給付金の金額は異なります。**たとえば、年収は同じ四八〇万円でも、月給が四〇万円でボーナスはなしという給与体制の人もいれば、月給が三〇万円でボーナス支給が年間四カ月分という給与体制の人もいます。前者の育児休業給付金は月額二六・八万円、後者は二〇・一万となります。その理由は、育児休業給付金（給付率67％）の算定基準はおおむね育休取得前の月給六カ月分の平均値（残業代含む、ボーナス除く）となるからです。そのため、同じ年収でも給付金額が異なるのです。

●育休取得が賞与・昇進に影響するかどうかは、各企業の人事制度次第

昇進の考課は、非常に根深い問題です。ボーナスは出勤相当が支払われるケースが多いで

すが、昇進考課に関しては、期間中に短期間でも休業がある場合はゼロ評価（最低評価）になる企業もあるようです。傷病で休業しているケースと同じ扱いと考えられ、過去の判例でも正当性があるとされています。また、昇進の条件として、二期連続の「A評価」が必要という企業もあります。この場合、短期間の育休取得でも大幅な昇進の遅れにつながってしまいます。

そのため、子育て世代の人材活用に積極的な企業や、両立支援に意欲的な企業では、**育休取得が社員にとって不利益にならないような人事規定を採用しているケース**も散見されます。たとえば、育休を取得した社員は男女問わず「同期社員の平均点をつける」「前期と同じ評価をつける」「二カ月以内であれば、ボーナス・昇進考課に影響なしとする」といった制度です。

今後、企業においては、ノーワーク・ノーペイの原則／他の社員との公平性の担保に留意しつつ、**賞与や考課の制度を見直し、育休取得が昇進の妨げにならないようにする**ことが求められるでしょう。立命館アジア太平洋大学の学長であり、元ライフネット生命会長の出口治明氏は「育児休業は留学と同じと見なし、給与は全額保証すればいい。賢くなって戻ってくるのだから。そうすれば男女とも安心して育休が取れる」と語っています。育休取得が原因で評価を下げられ、「昇級テーブルに乗らなかった」「昇進の見込みが低い職位に降格させられた」「不本意な配置換えをされた」といったことは、意欲のあるワーキングマザーがこれまで泣き寝入りしてきたことです。男性の育休取得増加により、現行の評価制度は徐々に見直しを迫られることでしょう。

また、これから育休取得を希望する方は、取得した場合の「賞与」「昇進」の考課について、事前に人事担当者に**自社の制度の詳細を確認しておく**と良いでしょう。会社によっては、休業中でも「会社指定の通信教育を受けると三カ月分の在職・在級期間に算定する」など、休業期間をカバーする施策を用意しているケースもあります。

行政においては、今後男性の育休取得をより推進するために、給付金の算定根拠の基準値を月給ベースにするのではなく、**賞与を含めた年収ベースにする**ことも検討の余地があると考えられます。

いずれにしても、まだ「男性の家庭進出」は始まったばかり。これから「家庭活躍」に向けて、他にも多くの課題が出てくることが考えられます。ついては、改善策を速やかに出し、トライ&エラーを積み重ね、労使及び行政がともにより良い制度作りを進めていくことが必要です。

第4章

なぜ今、男性育休「義務化」なのか

小室淑恵

これまで男性育休を阻む「誤解」や男性育休取得が進まない社会的背景、また企業や個人にとっての男性育休のメリットを紹介してきました。第4章では、なぜ今、男性育休の「義務化」が必要なのかを考察します（なお、後に本章で詳述しますが、筆者たちが提唱する「義務化」の対象は企業であり、「企業には、育休取得対象者に対して、取得する権利があることを必ず説明する義務がある」という制度を指します）。

まず結論から述べると、義務化の第一の理由は、国がこれまで行なってきた「男性本人の意識への働きかけ」という施策では、取得率の向上に限界があるからです。第二に、日本の少子化は加速度的に進行しており、「義務化」という施策によって男性育休普及のスピードを飛躍的に上げる必要があるからです。

さらに、近年の日本社会の変化も見逃せません。二〇一九年に残業上限規制が法制化されたことで、企業内部でも、男性育休を後押しする気運が高まってきました。

本章では、筆者が男性育休義務化の提唱に至ったこうした社会的背景を解説していきます。その前にまず、なぜ男性育休が少子化の改善に効果があると期待されているのかを改めて見ていきましょう。

夫の家事育児時間の短さが、日本の少子化の根本要因

「はじめに」でも少し触れましたが、産後一年までに死亡した妊産婦の死因で最も多いのが「自殺」です（出産後の自殺九二人、次いでがん七五人、心疾患二八人、出血二三人。二〇一五～一六年）。その要因と言われているのが、「産後うつ」ですが、産後うつの発症リスクは、産後二週間～一カ月がピークです（図4-1、135ページ）。うつを防ぐには「十分な睡眠をとれる」ことと「朝日を浴びて散歩」ができるような環境により、体内に「セロトニン」というホルモンを増やすことが重要ですが、この二つこそが、産後の女性にとっては一番難しいことです。二時間おきの授乳や夜泣き対応があり、赤ちゃんはしばらく外気にあてられないので、薄暗い部屋でたった一人、赤ちゃんが息をしているかどうかを確かめながら過ごす日々は、母親を産後うつや自殺へと追い込んでしまうのです。

この時期に、まずはたった二週間から一カ月でもいいですから、**夫が育休を取って夜中の育児を一緒に支えて、妻が休める時間を作ることで、妻の命を救う**ことになるのです。

筆者自身も二〇〇六年に長男を出産した際、夫の平均帰宅時間は深夜二時で、ともに両親が遠方に住んでいたため本当に追い込まれてしまいました。子どもが泣き出すと「このまま腕の中で死んでしまうのではないか。そうなったら、全て自分の責任なんだ」と、一緒に泣き続けたのを覚えています。今思えば、あの時は産後うつの入り口にいたわけです。そしてやっと深く寝てくれて、ベッドに赤ちゃんを置いた瞬間に、まるで見ていたかのようなタイミングで大きな物音を立てて帰ってきて赤ちゃんを起こしてしまう夫に「二度と帰ってこなくていいから！」と言って大喧嘩したものです。

実はこの第一子出産以降における夫の家事育児参画時間が、どうやら日本の少子化の根本要因であるということが、厚生労働省のデータで分かってきています。【図4-2】は同じ夫婦を一一年間追跡調査したものですが、第一子が生まれた際に、夫が休日に六時間以上の家事育児参画をしていた家庭では、なんとその後八割の家庭で第二子以降が誕生していたのです。夫の家事育児参画時間が少ないほど、第二子以降が生まれていないということは、グラフからも明確に読み取れます。

4-1　産後うつリスクのピークは産後2週間〜1カ月の間

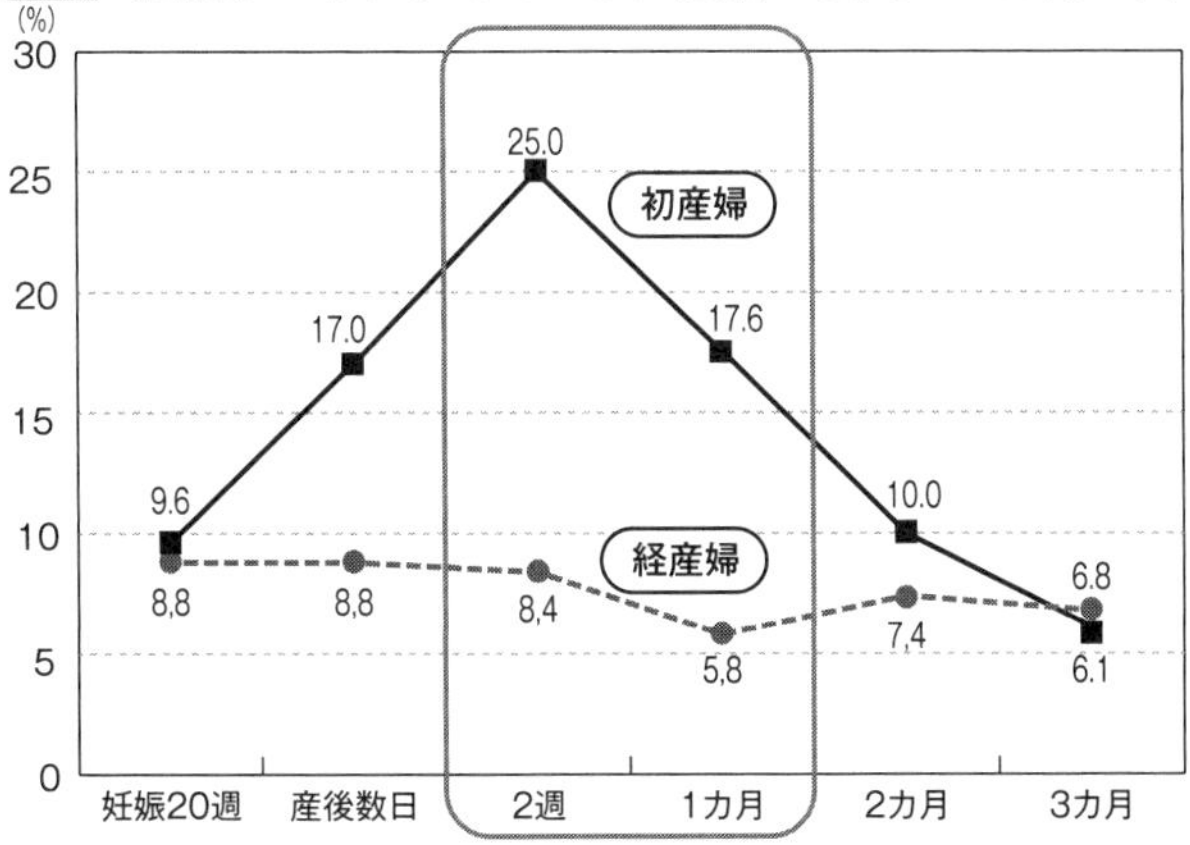

※EPDS(エジンバラ産後うつ病質問票)による、妊娠20週から産後3カ月までの初・経産婦別に見た産後うつリスクの推移を表したグラフ

4-2　夫の休日の家事・育児時間別にみたこの11年間の第2子以降の出生の状況

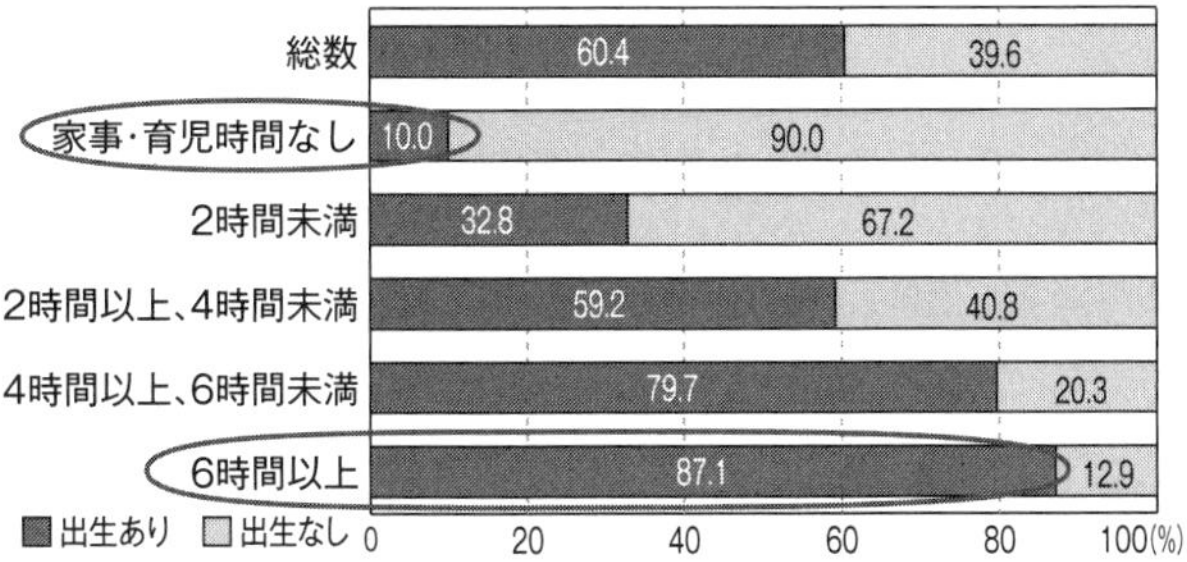

注1. 集計対象は、①または②に該当し、かつ③に該当する同居夫婦である。ただし、妻の「出生前データ」が得られていない夫婦は除く。
　①第1回調査から第14回調査まで双方から回答を得られている夫婦
　②第1回調査時に独身で第13回調査までの間に結婚し、結婚後第14回調査まで双方から回答を得られている夫婦
　③出生前調査時に子ども1人以上ありの夫婦
注2. 家事・育児時間は、「出生あり」は出生前調査時の、「出生なし」は第13回調査時の状況である。
注3. 13年間で2人以上出生ありの場合は、末子について計上している。
注4. 「総数」には、家事・育児時間不詳を含む。
出典：厚生労働省「第14回21世紀成年者縦断調査(平成14年成年者)」(2015年)

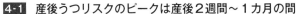

少子化対策には、企業への働きかけが急務

孤独な子育てが妻のトラウマ体験になる国が、少子化になるのは当然とも言えるでしょう。第一子の孤独な育児で妻の自殺を招いてしまったり、夫婦の信頼関係が崩壊してしまったりすれば、第二子以降は生まれないのです。

しかし、妻を孤独に追い込んだのは「夫の意志」ではないのです。妻の妊娠が分かり、育児に参画することを楽しみにしていた男性の多くが、職場に育休を打診すると「まさか育休なんか取るんじゃないだろうな」「取ったらどんな処遇になるか分かっているよな」という組織の壁に阻まれてきました。取引先や出向先の企業から「男に育休を取らせるような企業とは契約しないぞ」というような圧力を受けて断念させられたというケースもあります。そもそも言い出すことすら不可能な同調圧力の強い風土の企業もまだまだ多いのが現実です。そここが重要なポイントです。こうした企業の阻害が、結果的にこの国の少子化を招いたのですから、企業に対して政府が何らかのルールを設定しなければ、解決するはずがありませ

ん。にもかかわらず、政府の施策は、ずっと育児する本人たちの意識に働きかけるものにとどまってきたのです。

次ページの【図4-3】は、これまで政府が行なってきた少子化対策施策の一覧です。遡ること三〇年前の一九九〇年は、国の少子化対策にとってターニングポイントとなった年でした。前年の出生率が1・57となり、一九六六年の1・58を初めて下回ったのです（一九六六年は丙午《ひのえうま》の年であり、例外的に出生率が低かった）。その三年後の一九九三年、政府は「男女ともに仕事をしながら子育てしましょう」と「共働き社会」への変革を宣言。「少子化社会対策基本法」や「次世代育成支援対策推進法」といった法律を制定しました。

その後も次々と国は少子化対策を講じてきました。

しかし残念ながら、今も少子化に歯止めはかかっていません。なぜなら、政府は「男性も育児家事に参画しましょう」「夫婦で協力して子育てしましょう」と、育児中の夫婦、本人たちに働きかけ続けているからです。

4-3 政府の少子化対策施策の一覧

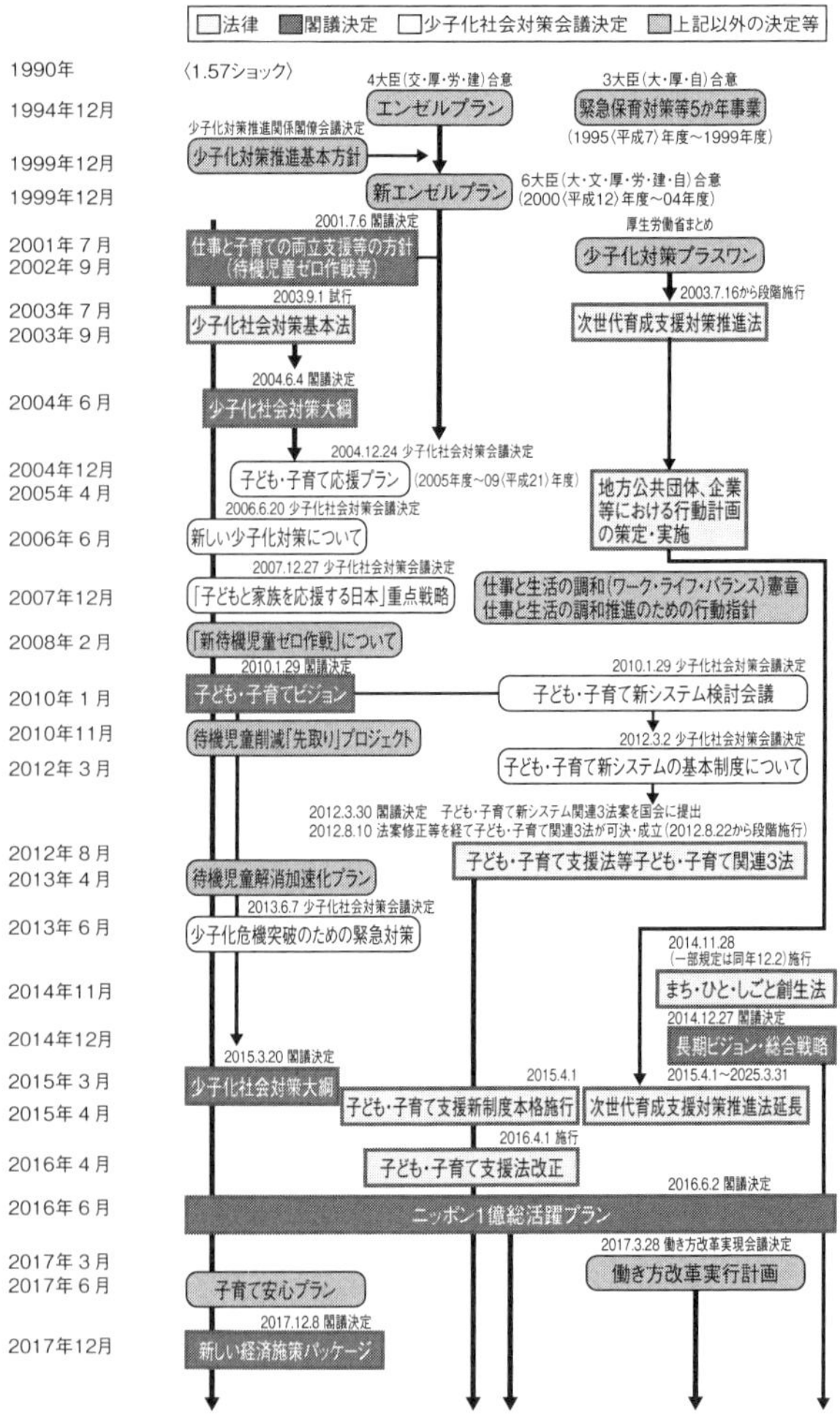

法律
閣議決定
少子化社会対策会議決定
上記以外の決定等
1990年
〈1.57ショック〉
1994年12月
4大臣（文・厚・労・建）合意
エンゼルプラン
3大臣（大・厚・自）合意
緊急保育対策等5か年事業
（1995〈平成7〉年度～1999年度）
少子化対策推進関係閣僚会議決定
1999年12月
少子化対策推進基本方針
1999年12月
新エンゼルプラン
6大臣（大・文・厚・労・建・自）合意
（2000〈平成12〉年度～04年度）
2001.7.6 閣議決定
2001年7月
仕事と子育ての両立支援等の方針（待機児童ゼロ作戦等）
厚生労働省まとめ
2002年9月
少子化対策プラスワン
2003.9.1 試行
2003.7.16から段階施行
2003年7月
2003年9月
少子化社会対策基本法
次世代育成支援対策推進法
2004.6.4 閣議決定
2004年6月
少子化社会対策大綱
2004.12.24 少子化社会対策会議決定
2004年12月
子ども・子育て応援プラン
（2005年度～09〈平成21〉年度）
2005年4月
地方公共団体、企業等における行動計画の策定・実施
2006.6.20 少子化社会対策会議決定
2006年6月
新しい少子化対策について
2007.12.27 少子化社会対策会議決定
2007年12月
「子どもと家族を応援する日本」重点戦略
仕事と生活の調和（ワーク・ライフ・バランス）憲章
仕事と生活の調和推進のための行動指針
2008年2月
「新待機児童ゼロ作戦」について
2010.1.29 閣議決定
2010.1.29 少子化社会対策会議決定
2010年1月
子ども・子育てビジョン
子ども・子育て新システム検討会議
2010年11月
待機児童削減「先取り」プロジェクト
2012.3.2 少子化社会対策会議決定
2012年3月
子ども・子育て新システムの基本制度について
2012.3.30 閣議決定　子ども・子育て新システム関連3法案を国会に提出
2012.8.10 法案修正等を経て子ども・子育て関連3法が可決・成立（2012.8.22から段階施行）
2012年8月
子ども・子育て支援法等子ども・子育て関連3法
2013年4月
待機児童解消加速化プラン
2013.6.7 少子化社会対策会議決定
2013年6月
少子化危機突破のための緊急対策
2014.11.28（一部規定は同年12.2）施行
2014年11月
まち・ひと・しごと創生法
2014.12.27 閣議決定
2014年12月
長期ビジョン・総合戦略
2015.3.20 閣議決定
2015.4.1
2015.4.1～2025.3.31
2015年3月
少子化社会対策大綱
2015年4月
子ども・子育て支援新制度本格施行
次世代育成支援対策推進法延長
2016.4.1 施行
2016年4月
子ども・子育て支援法改正
2016.6.2 閣議決定
2016年6月
ニッポン1億総活躍プラン
2017.3.28 働き方改革実現会議決定
2017年3月
働き方改革実行計画
2017年6月
子育て安心プラン
2017.12.8 閣議決定
2017年12月
新しい経済施策パッケージ

出典：内閣府資料

啓発活動の限界を実感したイクメンプロジェクト

夫本人が「育休を取りたくない」「妻に協力したくない」と考えていることが原因であれば、本人に向けた啓発活動が効果的でしょう。しかし実際には、育休を取得したいと考える男性は約八〜九割いるにもかかわらず（図2-18・19参照）、実際の取得率は7％台ですから、そこには育休を阻む組織側の問題が大きいことは明らかです。男性が育休取得を希望した企業で今まで起きてきたのが**「パタハラ」**でした。また、日々の育児に参画しようとしても現実的にかなわないような**長時間労働**。そして組織の**属人的な仕事のやりかた**により、一人が休めば仕事が回らないような体制を作られていて、責任感の強い男性ほど育休を取ることが事実上できないような仕組みになっていたのです。

このように、企業側に大きな要因があるにもかかわらず、政府の対策は本人に向けた「啓発活動」にとどまってきました。たとえば二〇一〇年に厚労省が立ち上げたイクメンプロジェクトは、男性の育児・家事参画を促す目的で創設され、筆者もその委員を一〇年間務めてきました。

座長は認定NPO法人フローレンス代表理事の駒崎弘樹さん、他の委員はプロデューサーのおちまさとさん、育休プチMBAの代表であり、静岡県立大学准教授の国保祥子さん、中央大学の高村静准教授、大正大学の田中俊之准教授、日経DUAL創刊編集長の羽生祥子さんなど、各界で活躍するリーダーで、男性が育児参画しやすいムーブメントを起こすために、「イクメン企業アワード」「イクボスアワード」表彰対象者の選考などを熱心に行なってきました（イクボスとは、部下の育児と仕事の両立を支援する管理職のこと）。

しかしながら、約一〇年かけて男性の育休取得率は2％程度から約7％に変化しただけ。本人への意識啓発も大事ではありますが、それ以上に男性の育休取得を阻止している企業に対して抜本的な制度改定をするべきであるという議論が、委員の間でも年々高まっていきました。

二〇一八年、ついに業を煮やした何人かの委員たちで「企業の対応を変えるために法律を変える必要があるのだから、このプロジェクトでその点を検討すべき」と厚労省にぶつけました。しかし、返ってきたのは「このプロジェクトはあくまでもイクメン啓発事業ですので」という杓子定規《しゃくしじょうぎ》な回答でした。これだけ深刻な少子化であるにもかかわらず、事業の枠を超えて動かない厚労省に委員たちがメラメラと憤ったのを覚えています。

政府の委員をお受けしたら、事前に定義された枠の中で成果を出すべく、素直に動くのが常識だとは思います。しかし、イクメンプロジェクトの委員たちはプロジェクトで集まるたびに、終了後に厚労省の職員には席を外してもらい、委員のみで問題意識について話し合うということを始めました。そして二〇一八年の九月。会議終了後、ついに「このイクメンプロジェクトの敗北宣言をしよう」というアイデアが浮上したのです。「一〇年間やりましたが、男性本人への周知事業だけでは、効果がありませんでした！」と委員メンバーが、「ちゃぶ台をひっくり返して」謝る記者会見を開くのです。そしてその場で、「本気で少子化を解決しようと思うならば、本人への周知事業ではなく、企業に対して男性育休義務化制度を作るべき」と発信しようという内容でした。

同じ時期、共著者の天野は「待機児童問題は、女性の問題に矮小化されていることが本質的な原因。男性育休を義務化し、男性が当事者にならないと政府は本気でこの問題に向き合わない」と駒崎さんに力説していました。そこで、駒崎さんに引き合わせてもらって、天野、小室らで集まり、本気で男性育休義務化について話し合いを始めたのです。

イクメンプロジェクトでのあの憤りがなかったら、以前から頭にあった「男性育休義務化」について本格的に始動しよう、と動き出していなかったかもしれません。二〇一八年末から二〇二〇年現在まで、この有志でのミーティングは毎月続いています。有志メンバーで白熱した議論を繰り返し、粘り強く各所に働きかけていった結果、「はじめに」でも紹介したように、「男性の育休『義務化』を目指す議員連盟」が発足し、自民党に育休のあり方検討PT（プロジェクトチーム）会議が設置されて一〇回にわたる議論が重ねられ、政府の骨太の方針へ盛り込まれるという流れになりました。

骨太の方針とは、この先の日本が取るべき政策を取りまとめ、正式に閣議決定されるものです。ここに盛り込まれるということは、政府の予算がつき、具体的な施策へ進んでいくことを意味します。自民党の育休PTが二〇二〇年三月に終わり、同年四～六月は新型コロナウイルス対策一色となりましたが、本書の原稿を執筆しているさなか、二〇二〇年七月一七日に閣議決定された骨太の方針に「配偶者の出産直後の男性の休業を促進する枠組みの検討など、男性の育児休業取得を一層強力に促進する」という文言が入りました。昨年の文章には入っていなかった「配偶者の出産直後の男性の休業」という言葉は、議連や育休ＰＴで提言してきた「産後うつ防止には出産直後に取得できる枠組みが重要」ということが盛り込まれた形です。

昨年までの骨太の方針は八〇ページ近くのボリュームがあるのに対して、二〇二〇年版は三九ページ。新型コロナウイルス対策に膨大な予算が取られることから、骨太の方針内に記載が残った項目自体が半減しました。そうした中で、男性育休の項目がより踏み込んだ内容として記載されたという点は、特筆すべきことだと思います。

企業の人材評価ルールが変わり、男性育休が現実的に

こうした政界の動きと時を同じくして、これまで男性の育休に消極的だった企業側にも、変化が見られるようになりました。働き方の変化によって、男性育休義務化の議論は数年前に比べてずっと現実的になってきています。大きな転機となったのは、二〇一九年の労働基

準法改正です。七〇年にわたる労基法の歴史において初めて「残業時間に法的な上限ができた」のです。この法改正により、残業時間の上限が原則として月四五時間・年三六〇時間とされ、36協定（時間外・休日労働に関する協定届）を結んだとしても、単月一〇〇時間が上限であり、二〜六カ月平均で八〇時間を下回っていなければならないという明確な基準が設けられました。労働時間の上限は、それまでは「厚生労働大臣告示」で定められており、厳密に言うと**法的強制力はありませんでした**。それが今回初めて法律に格上げになったことによって、企業が法律違反をした場合は懲役または罰金と、厳しい罰則が定められることになりました。

この法律と、男性育休はどのような関係があるのでしょうか。ひと言でいうと、この法改正によって大きなゲームチェンジが起きたのです。

企業組織は決められたルールの中で最も利益を出してくれる人材に一番良い評価を付けます。労働時間の上限規制ができる前は、企業において**「優秀な社員＝際限なく働いて仕事の量を一番高く積み上げてくれる人たち」**でした。この評価形式を**「期間当たり生産性」**と筆者は呼んでいますが、月末や年度末までの一定期間の間でどれだけの仕事をしたのかを問う評価形態です。

誰が考えても分かりますが、期間内で最も量を積み上げるために簡単な方法は、一日当たりの労働時間を際限なくつぎ込むことです。つまり、期間当たり生産性の評価の中で勝つには、毎日どれだけ寝ずに残業できるかが、勝敗を分けるのです。チームのリーダーはメンバーをいかに残業させてチームの総量を積み上げさせるかが自分の仕事になりますから、残業できるメンバーの評価を高く付けて労働時間で競わせるような風土を作ります。

こうなると、出産や育児・介護などのライフイベントで時間に制限が生じる可能性のある人材はとにかく排除したい、発生させないようにしたいというマネジメント側の心理が働きます。

このような時代においては、人事部の仕事というのは、各部署のマネジメントが「育児・介護中人材」を嫌がり排除しようとするのに対して、いかに「保護する制度」を作って各部署に「いさせてもらうか」を考える必要がありました。

ところが、労基法が改正され、ゲームのルールが変わったのです。厳格な労働時間上限ができたことにより、もし破れば案件に入札できなくなる、罰金を払う、法廷に立つ……ということになるわけですから、**「優秀な人材＝限られた時間のルールの中で最大の成果を出せる人たち」**となったのです。この評価形態を筆者は**「時間当たり生産性」**と呼んでいます。「積み上げた仕事の量」で評価するのではなく、その分母に「時間」を入れて、時間当たりの成果で評価をすると、社内の人材の評価ランキングは大きく入れ替わります。

こうなると、人事部の仕事も大きく変わります。それまでは時間に制約のある人が「問題」であり、保護してあげなければならない存在でした。しかし、時間当たり生産性でシビアに評価する時代になると、効率性の概念が弱く際限なく残業してしまうような人こそ「問題」であり、**社内の大半の男性社員の働き方がまさに「大問題」**であるというコペルニクス的転回が起きたのです。

筆者も、企業からいただくコンサルティングのご依頼内容がガラッと変わりました。それまでは「育児や介護をしながら働けるように、どのような制度を作ってあげたら良いでしょうか？　そういう人材も差別しないでちゃんと活用するように、管理職に分かってもらうにはどうしたら良いのでしょうか？」というご相談でした。

今は「育児や介護をしている人は、早く帰りたいので、やり方を工夫する意識がある。それに対して、私生活でやりたいことがない社員は従来のやり方をなかなか変えない。こうした帰りたがらない社員に対して、効率良く仕事を終えて早く帰りたいという意識を持ってもらうにはどうしたら良いでしょうか？」となったのです。

特に企業が頭を悩ませたのが、組織をあげて一八時に消灯して帰るよう促しても、家に向かわず新橋界隈で滞留する「フラリーマン」でした。残業代が減ったうえに、飲み代がかさむじゃないかと会社への不満が増えました。こうした中、コンサル先の人事部の皆さんが口々に同じことを言い始めたのです。「家族との関係性が良い社員は、早く帰れて家族と時間を過ごせることを嬉しく思いますが、残念なことに多くの社員がすでに家族から**早く帰って来られても迷惑な存在**になっているのです。だから、時間当たり生産性を上げて早く帰りたいとは、根本的に思ってないんです。でも……そんな関係性にしたのは、これまでのわが社の働き方なんですよね」

妻が最も「産後うつ」に陥りやすい時期にも連日遅く帰宅せざるを得ず、育児参画がほぼできなかった。かつては多くの企業がそういった働き方を強要してきました。すると、今さら急に夕食どきに帰宅しても、家族全員から「え？　なんで早く帰ってきたの？」という反応をされたり、既に年頃に育った子どもたちとの会話が成り立たなかったりして、早く帰ることをかえって辛く感じるのです。この構造を解決しなければ、フラリーマンが再生産され続けます。

二〇一九年の労基法改正を受けて、企業が一斉に時間当たり生産性を意識し、定時で帰らせようとし、必要な制度改正を行ないました。その結果たどり着いた真実は、時間当たり生産性を上げるために重要なことは、**生産性高く効率的に働いて、早く帰り家族に会いたいと思う社員自身の「内的欲求」である**ということ。その関係性を構築する第一歩が、男性の育児休業であるということなのです。企業の人事部が口々に「男性で育休を取った前例が少ないことで、とにかく育休を取る人が出ない。**いっそ、全員が取得することを義務付けてくれたらいいのに**」と言い出しました。

いまだかつてなかったことですが、企業側が福利厚生ではなく経営戦略として、企業の生産性向上のために男性の育休を推進したいというニーズが急増したのです。

企業人事からの研修依頼内容も、二〇一九年から明らかに、男性育休取得率を引き上げるためにその必要性を話してほしいというものが増えました。

経営トップは、実は男性育休に反対していない？

そしてもう一つ、企業側に大きな変化がありました。各社の経営トップの変化です。愛知県の、ある自動車業界トップと対談した際に「最近、孫が可愛くてね。でもそれを口にすると妻から怒られるんですよ。『そりゃあ、あなたは自分の子どもたちの子育てを一切しなかったから、孫の全てが新鮮で可愛いのよ』ってね。うちの子どもたちにもこんなに可愛い時期があったのに、俺が見逃していたのかと思うと本当に後悔してね。こんな想いは、うちの社員にはさせたくないなあ」とおっしゃるのです。「では、もしかして、自社の男性社員の育児休業取得には賛成なのですか？　そんなお気持ちは、社員には一切伝わっていませんよ」とお伝えしました。目標達成に厳しくて有名な社長がまさか「ぜひ男も育児で休みなさい」と思っているとは、横で聞いていた人事部長も役員も皆衝撃を受けていました。

この社長との対談をきっかけに多くの経営者とディスカッションしてみて分かったことは、優秀な経営者ほど高度経済成長期に猛烈な働き方で大成功した経験を持ちつつも、今失ったものの大きさにも気づいているということでした。こうした「一周回って気がついた経営者」は、もう男性育休に反対はしていなかったのです。

ところが、中間管理職が勝手に慮《おもんぱか》って、育休を取ろうとする部下に「男が育休なんか取ったら、この会社ではキャリアが終わりだぞ」というパワハラまがいの忠告（もしくは育休を取得した男性を降格するなどのパタハラ）をしているのです。

こうした管理職の行動を変えるためにも「もう経営トップは、男性育休に反対していない」という事実を何とか最速のスピードで末端まで知らしめることはできないかと考え、対談の帰り道の新幹線で企画を考えて立ち上げたのが「男性育休100％宣言」です（次ページ）。「男性の育児参画を応援します！」というような漠然とした宣言ではなく、100％という定量的なワードにしました。

目標必達文化を持つ経営者の皆さんがこのワードを使うからには、本気で取り組まなければなりません。そのため、宣言を集めるのは決して簡単ではなかったのですが、予想を上回り八三社もの経営トップが「男性育休100％」を宣言しました。そして、トップが100％を目指すと宣言したことで、今度は急に「100％にしなくては！」と人事部の意識も上昇しました。

こうして、人事担当者が男性育休取得促進のための勉強会に続々と参加される傾向が高まったのも、二〇一九年の大きな変化でした。

ここまで読まれて、人材評価のルールチェンジや経営者の意識の変化など、男性育休取得にプラスの流れが来ているならば、義務化までしなくてもいいのではないかと思う方もいるかもしれません。

それは逆です。組織側に本質的なニーズが無い時に法律で義務化しても「あのように無理な法律に対応することは難しいので、全男性に産後一日だけ育休を取得させて100％にしろ」というような抜け穴を探す企業が増えるだけです。形だけ整えても本質は全く変化しないため、法制化したことがかえって仇となるのです。つまり、男性育休取得を推し進めたい企業側のニーズがある今、それをサポートする形で法制化することで、**本質的な企業の行動変容を促すことができる**のです。

男性育休100%企業宣言

平成は女性活躍の時代、
令和は男性の家庭活躍の時代です。

男性育休100％宣言
宣言
私たちは、男性社員が育児休業を100％取得できる職場づくりを目指すことを宣言します！ 男性が育児休業を取ることで、新しいコミュニティへの参加や、価値観のパラダイムシフトが起き、復帰した職場でのイノベーションや、生産性の高い働き方につながると共に、将来の社会保障の担い手確保となりサステナブル社会の実現にも繋がります。
mercari
AISIN
Pacific Consultants
大東建託
法務省
三重県
広島県
cybozu
大和証券グループ本社
SAKATA
IBM
OIOI MARUI GROUP
Pasco
住友生命
日本生命
朝日生命
SHIPS
KPMG あずさ監査法人
eSOL
JSDA 日本証券業協会
unicharm ユニ・チャーム
ONWARD
KATCH
MIZUHO みずほフィナンシャルグループ
MIZUHO みずほ銀行
MIZUHO みずほ信託銀行
MIZUHO みずほ証券
MIZUHO みずほ情報総研
BAEREN
Panasonic
Panasonic
SAKURA internet
JAPAN AIRLINES
SG SGホールディングス株式会社
Benesse
大塚製薬株式会社
千葉銀行
きらぼし銀行
JP 日本郵政
JP ゆうちょ銀行
saint-works
RakSul
euglena
DeNA

4-4 日本の総人口の将来推計

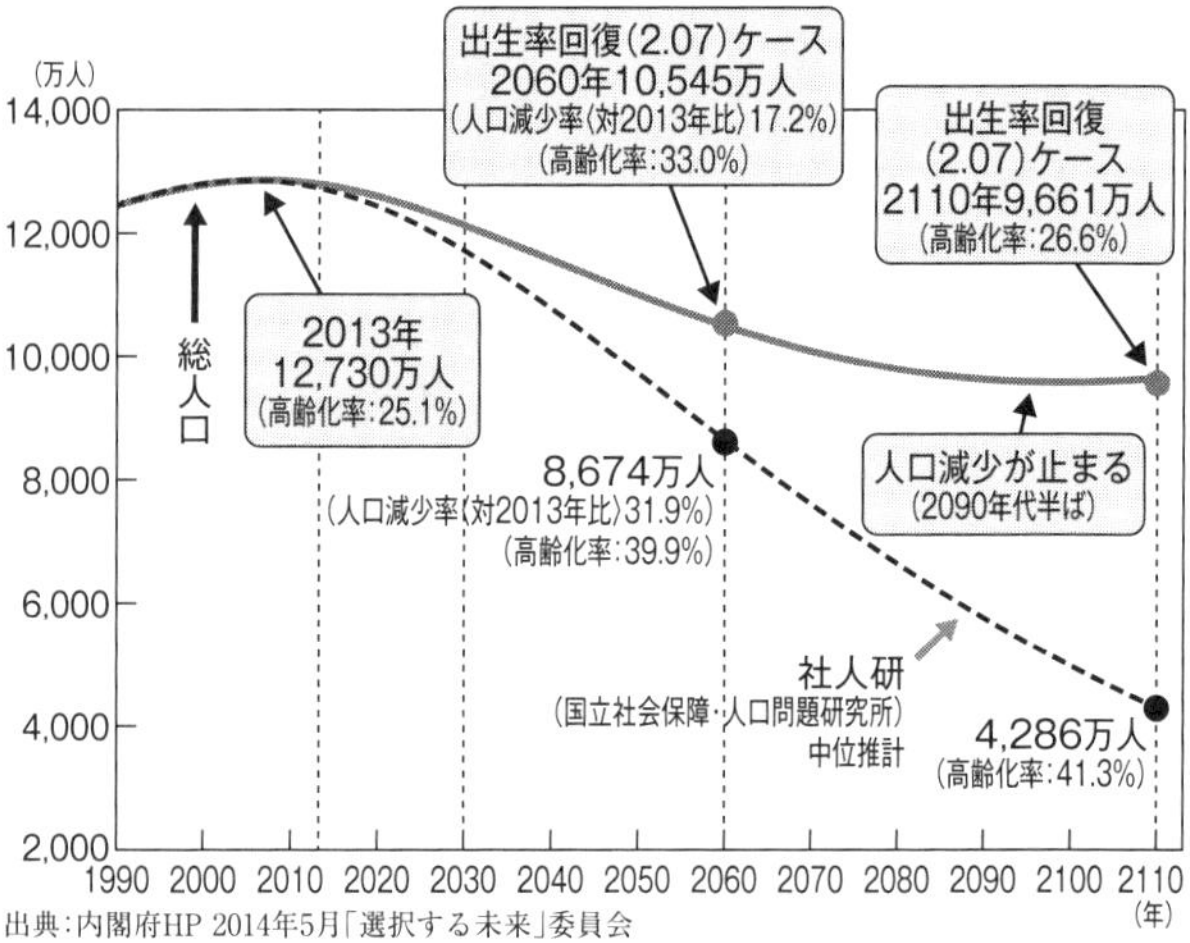

出典:内閣府HP 2014年5月「選択する未来」委員会

少子化対策を加速させるためには、義務化が必要

コロナ禍が社会の変革を促進したこともあり、おそらく今後五年以内に、男性育休が取れないような企業は、新卒男性に見向きもされなくなります。ですから放っておいても、男性の育休取得は進む傾向にあるのですが、**問題はスピードなのです。**

【図4-4】が示すように、今のままの出生率では、二一一〇年に日本の人口は現在の四割になり、高齢化率がなんと41%になってしまいます。財政破綻にむかってフリーフォールを落ちているところといった状態でしょうか。しかし、もし今すぐ出生率が２・07に改善すると、二一〇〇年に人口は現在の六～七割程度で下げ止まります。さらに、団塊ジュニアのボリュームゾーンの年齢が四〇代後半に入ってきている今、一年ごとに出産できる女性の人数が激減するのですから、一分一秒でも早く解決しなければ、次世代の子どもたちに破綻した日本を残すことになるのです。

人事部も男性に育休を取らせたい、定時で帰らせたいと思っている。経営者も反対していない。国も少子化対策に有効だと分かっている。でも「取る・取らないは完全に個人に任されています」では、どんな不遇が待っているか分からない中で個人からは声が上げにくいのです。そのうちに、どんどん少子化は進行して日本の未来は沈んでいきます。

しかしここで、企業に対して「育休の対象となる男性に取得を打診することは企業の義務です」と法律で定めれば、企業の側から声がけをする構図になり、今までの膠着《こうちゃく》状態から抜け出せる可能性があるのです。

男性の育児支援を日本で最も長くやってきた歴史を持つＮＰＯ法人ファザーリング・ジャパンは、各社に働きかけて「イクボス宣言」を集めています。その中で顕著なのが、一つの業界で男性育休取得率が上がると、その業界では競い合うように取得率が上がり、取得率の伸びが急加速するということです。男性同士は、どうしても同調圧力が強い傾向にありますが、それを良い方向の競い合いに転じさせるような社会的な仕掛けが必要なのです。

このように、1．育休は従来のように一部の社員を〝守ってあげる〟ための福利厚生ではなく、「短時間で成果を出す、生産性が高い社員」に変革させるためのスイッチとして期待されるようになったこと　2．経営トップの意識変化　という二点から、男性育休が広く受け入れられるための社会的土壌が整ってきました。さらに、3．少子化対策を加速しなくてはならない日本の人口構造　4．有効な少子化対策としての政府の期待　5．従来の「育児する本人への啓発活動」の限界　という社会的背景から、義務化の必要性が高まっているのです。

義務化は、誰への義務なのか

「男性育休義務化」議論は、当初ＳＮＳで大炎上しました。「義務って、どういうこと？」「取りたくない男性も絶対に取得しないといけないの？」と。これは、多少狙った効果ではありましたが、誤解です。あくまでも「義務化」の対象は企業であり、「企業には、育休取得対象者に対して、取得する権利があることを必ず説明する義務がある」ということです。男性が育休を取得しなかった理由を調査すると、必ず上位にあがってくる「制度がない」という誤解（図1-5）も、企業が制度を周知することが義務付けられるようになれば起こりません。

また、「義務化」は永久的なものではなく、期限付きの措置として想定しています。つまり、時限立法です。時限立法とは、期限付きの法律を指し、二〇一五年に施行された女性活躍推進法や二〇〇三年に施行された次世代育成支援対策推進法（通称：次世代法）も時限立法です。時限立法の良いところは、法制化までの決断を早めることができ、目標数値に届かなければ、延長することもできる柔軟性にあります。

「義務化」という言葉を使うかどうか、筆者たちが迷っていた際に、使うべきだと力説したのは、実は議連発起人の和田義明衆議院議員と松川るい参議院議員でした。松川議員は共働きで子育て当事者、和田議員は商社出身の一児の父です。

二〇一九年の四月に初めて筆者たちが両議員とミーティングした際に「義務化ぐらいしな

いと、本当に男性が育児参画できる社会は作れないと思う」ときっぱり言われ、私たち以上に前のめりな姿勢に驚いたのを覚えています。そこから、たった一カ月で「男性の育休『義務化』を目指す議員連盟」が立ち上がり、同年六月には安倍総理に提言、一一月末には、法改正につながる具体的な議論のフェーズである「育休のあり方検討PT（プロジェクトチーム）」が発足。筆者たちも想定していなかったスピードで「男性育休義務化」に向かって議論が進んでいることに、驚きを隠せません。

国は二〇二〇年の「少子化社会対策大綱」で二〇二五年までに男性育休取得率を30％に引き上げることを目標にしています。「二〇二〇年までに13％」と設定していた、以前の目標を大きく上回る数値です。

その姿勢は素晴らしいのですが、今までの延長線上の施策では目標数値には到達しないでしょう。到達するためには何をするべきか、続く第5章で詳しく筆者たちの提言を解説したいと思います。

平成は〝女性活躍の時代〟。令和は〝男性の家庭活躍の時代〟へ

安倍政権は、女性活躍という言葉を歴代政権の中で最もよく使い、労働力不足という理由からではありますが、平成は女性活躍が最も進んだ時代だと言えると思います。

しかし、その実態は、女性が「育児も完璧にやり遂げながら社会進出も果たす」という「女性のスーパーウーマン化」によって支えられた女性活躍でした。女性は「家庭」領域から「仕事」領域に活躍を広げましたが、男性の多くは「仕事」領域から「家庭」領域へと活躍を広げることはなかったのです。こうして、母親がギリギリの綱渡りを一人でこなす「ワーク・ライフパニック」な毎日は、活躍すればするほど疲れていくという様子を子どもたちに見せることになりました。

その結果「私は、お母さんのように両方一人でやるのは辛いから専業主婦が理想」「僕は、将来あんな風に奥さんや子どもから恨まれるなら、結婚はしたくない」といった次世代へのリバウンドを起こしつつあります。つまり今の状況は、次世代でさらなる少子化と労働力不

足が加速する構造なのです。

これを根本的に解決するためにも、令和は、今度こそ男性が〝家庭活躍〟する時代にしなくてはなりません。「二人で協力し合えるなら、仕事しながら子どもも何人かほしい」と子どもたちが自然に思えるような、現世代の環境を作るのが男性育休の義務化なのです。

第5章

義務化で変わる男性育休

小室淑恵

前章では、国が男性育休に関して、どのような施策を推進してきたのか、そして今なぜ「義務化」の議論が本格化しているのかを詳説しました。ここからは、具体的にどのような事柄を義務化するべきだと筆者たちが考えているのか、7つの提言を解説します。

提言① 企業の周知行動の報告の義務化

第4章で触れたように、男性育休の「義務化」と言っても、個人に対してではありません。最終的な育休取得の判断は個人の自由な意志に委ねるべきで、国がその点を強制すべきではないからです。筆者たちが提唱する「義務化」は、企業に対して男性育休制度を正しく従業員に周知することの義務です。

第2章でも述べたように、育休を希望していた男性が実際は取得しなかった理由の上位に、「会社で育児休業制度が整備されていなかった」というものがあります（厚生労働省「仕事と育児の両立に関する実態把握のための調査研究事業報告書」平成二九年度より）。本書でもたびたびお伝えしていますが、育休の取得は、男女の性別にかかわらず、育児・介護休業法で認められている労働者の権利ですから企業によって制度があったりなかったりするものではありません。もし現段階で会社の就業規則に育休の規定がなかったとしても、社員から育休取得の申し出があれば、会社側は新たに規定を作り、取得させなければならないと法律で定められているのです。

しかし、実際には「自社には制度がない」と認識している人がいまだに多くいます。つまり、**「制度への無知」**が取得の壁になっていることが分かります。企業によってはそれをいいことに、制度がないのだと誤解させている場合もあるでしょう。もしくは、管理職が誤った理解をしていて、育休は取れないと部下に伝えてしまっているケースもあります。

では、なぜ周知されていないのでしょうか。その理由は現行の法律にあります。

以下が、育児・介護休業法の原文です。

育児・介護休業法　第二一条

事業主は、育児休業及び介護休業に関して、あらかじめ、次に掲げる事項を定めるとともに、これを労働者に**周知させるための措置を講ずる**よう努めなければならない。

一　労働者の育児休業及び介護休業中における待遇に関する事項
二　育児休業及び介護休業後における賃金、配置その他の労働条件に関する事項
三　前二号に掲げるもののほか、厚生労働省令で定める事項

一見「周知させるための措置を講ずる」と定められているように見えますが、これが法律のトリックです。文末の「努めなければならない」という言葉は、義務ではなくて「努力義務」なのです。

努力義務だけでは企業は周知を徹底しません。先の厚労省の調査結果で、育休を希望した男性の27・5％が、「会社で育児休業制度が整備されていなかった」と回答していることが、それを物語っています。だからこそ、この法律を「周知させるための措置を講ずるよう努めなければならない」ではなく、「周知させるための措置を講ずること」に改正し、企業のプッシュ型の周知を義務付けることが重要です。

今まで企業は本人が取得を申請してきた場合にそれを許可するという形式でしたが、周知が義務付けられることとなれば、上司や人事部から対象となる社員に連絡があり、男性社員

にも育休取得の権利があることが伝えられ、政府の給付金で手取り収入の約八割が保障される（上限額月額約三〇万円）ということも含めた制度の詳しい説明も受けることになります。これは、育休を取りづらい企業風土を変えることになります。「育休を取得しづらい雰囲気」も厚労省の調査で、育休を取得しなかった理由の上位に入っていますから、上司や人事部から制度を積極的に周知することは取得率向上に大きな効果が見込めると言えるでしょう。

もちろん課題もあります。一つ目は、妻が妊娠したことを、社員である夫がどのように会社に知らせるかということです。人によっては、「妊娠中期（安定期）に入るまで告げたくない」「無事に生まれるまで告げたくない」という人もいるでしょう。社員からの報告がなければ、会社は社員の妻の妊娠・出産を把握できませんから、制度の周知をしようがないのです。さらに、個人のプライバシー保護の観点からも、妻の妊娠報告を義務化することは適切ではありません。男性社員が妻の妊娠を伝えず、育休も取得しないのであれば本人の自由です。

出産祝い金などがある企業はその申請の際には少なくとも周知することができるでしょう。また、個別の周知だけでなく、社員食堂や社内報に制度概要を掲載するなど、全社員が閲覧できる手段や研修で周知するような措置も、追加で講ずることができるでしょう。

こうした「周知」の義務化は、どこまでの社員への「周知」を会社への義務とするのか、その線引きが課題となります。

もう一つの課題は、中小企業への負担です。中小企業の中には、経理・労務・総務といったバックオフィス業務を数名で担う企業も多く、義務化は業務の負担増につながるという声も上がることが考えられます。人的リソースが足りない中小企業用に男性育休制度の周知用ポスターやパンフレットを用意し、取り組みを促すのも一手でしょう。そうすれば、人的リソースが足りない中小企業でも対応しやすいはずです。

提言② 取得率に応じたペナルティやインセンティブの整備

企業にさらにスピード感を持って男性育休の普及を進めてもらうためには、働き方改革関連法のように、残業時間に上限を持たせて罰則を規定するなどの実効性の高い法律が必要となってきます。たとえば、男性育休取得率の目標数値を企業規模に応じて設定し、目標の達成度合いに対してペナルティやインセンティブを課すことが考えられます。

実はすでに、企業に対するペナルティとインセンティブが上手に設計された法律がありま す。障がい者雇用促進法です。障がい者の雇用を社会全体で創出していこうという趣旨の元、一定規模以上の企業に対し、全従業員の一定割合以上の障がい者を雇用するよう、国が定めています。この法定雇用率を達成できていない企業は、一人当たり五万円の負担金を納付する必要があります。一方、障がい者雇用率を達成し、さらに超過雇用をした企業に対しては、調整金や報奨金、設備等に対する助成金が支給される仕組みとなっています。このように、制度の中にペナルティとインセンティブが設計されているのです。その結果、企業における障がい者雇用率が飛躍的に上がりました。

男性育休の取得率に関しては、社会保険料の負担金によって、このペナルティとインセンティブを設計する方法が考えられます。すでに企業が負担している社会保険料の中には、「子ども子育て拠出金」というものがあります。男性育休取得率が一定以上の企業に対して、この負担率を下げるという方法です。仮に男性社員の育休取得率が30％を超えている企業に対し、上記の企業負担比率を現行の０・36％から０・３％に引き下げた場合、今まで三六万円支払っていた「子ども子育て拠出金」が、三〇万円で済むことになります。社会保険料の納付金額が大きい会社ほど、その恩恵が大きくなりますし、やらない会社への実質的なペナルティにもなります。

ペナルティやインセンティブをきちんと設計することができれば、**企業が自社の男性育休取得率を把握する動機づけ**にもなります。

提言③　有価証券報告書に「男性育休取得率」を記載

今回、私たちが何度も政策提言してきたのが、企業が決算を報告する際の有価証券報告書に、男性育休の取得率を記載することです。これは、経済界からは反発も多く、規制改革推進会議等で提言した時も厳しい反応をもらいました。しかしその意図と効果を多方面へ繰り返し説明して回り、二〇二〇年五月に発表された政府の少子化社会対策大綱にはついに「男女ともに育児休業取得率を有価証券報告書に記載を促す」ことが盛り込まれました（表5−1）。

5-1　少子化社会対策大綱のポイント

新型コロナは安心して子どもを産み育てられる環境整備の重要性を浮き彫りに
「希望出生率1.8」の実現に向け、ふさわしい環境を整備
少子化対策の推進に必要な安定財源の確保について幅広く検討
企業に育児休業取得率を有価証券報告書などに記載するよう促す
育児休業給付の充実を検討
児童手当について子どもの数や所得水準に応じた効果的な給付のあり方を検討
不妊治療の経済負担の軽減を検討

出典:筆者作成

有価証券報告書への記載義務は、男性の育児休業の取得率や取得日数を、公の場で〝見える化〟する効果があります。

ではなぜ、有価証券報告書なのでしょうか。有価証券報告書の良いところは、絶対に嘘を書けない点にあります。近年、投資家はＳＤＧｓの観点が強まり、業績面だけにとどまらず従業員の働き方・健康経営にも注目しているため、経営者にとっても、そこで見劣りする数字を出したくないという意識が働きます。企業の経営者や経営企画部門が必ず目を通すのが有価証券報告書であり、掲載する数値が低ければ、経営層が「困る」と感じる媒体です。そこへの記載を促すからこそ、トップの意識の変化につながるのです。

現に女性活躍推進においても、二〇一五年三月から女性役員の比率を有価証券報告書に記載するようにしたところ、法律施行前年（二〇一四年）の2・1％から、二〇一六年までの二年間で3・4％に向上。あまり伸びていないように感じられるかもしれませんが、この伸びは、施行前の二年間の上昇率に比べて約二・五倍なのです。

ただし、この案には指摘も出ています。有価証券報告書を発表するのは上場企業に限られているため、中小企業にはインセンティブが働かないのではないか、という危惧です。しかし、中小企業の働き方は大企業に大きな影響を受けます。「お取引先に『担当者は育休でして』なんて絶対に言えない」といった世の中から「**お取引先も男性育休が当たり前だから、わが社の事情も言いやすい**」という状態に持っていくためにも、パワーの強い側の企業から変わっていく流れを作ることが重要です。あるアパレルメーカーでは、主要取引先であるデパートが役員に女性を積極的に登用しているという新聞記事を読んだ会長が、その日のうちに自社の社外取締役に女性を入れるように社長に指示しました。助成金や法改正の際に政府は中小企業を支援しようとしますが、実は取引先の大企業の行動を変える方が、中小企業にとって大変助かるのです。

さらに踏み込むとすれば、有価証券報告書だけではなく、子育て支援を推進している企業であることを示す、厚労省認定の「くるみんマーク」や、女性活躍を推進している企業であることを示す、同じく厚労省認定の「えるぼし認定」の項目に、現在は任意である男性育児休業の取得率の公表を義務付けた方がいいでしょう。各種認定制度も、施行から数年経過し定着してきたことから、今のタイミングでの基準強化であれば、受け入れられやすいと考えられます。

提言④ 育休の一カ月前申請を柔軟に

育休を取得する際に、社員が企業側に申請する期限は、現行の法律では「育休取得の一カ月前まで」です。実はこの申請期限が、取得の大きな妨げになっています。

この一カ月前という申請期限は、かつて育休は女性のみが取るものだったということを前提にして作られた制度です。女性は母体保護の観点から、産後は八週間の産後休業が義務付けられています（産後六週間を経過した女性が請求した場合において、医師が支障がないと認めた業務に就かせることは、差し支えありません）。その産後休業が終了してから「育児休業」に移行します。ですから、出産してから必ず一カ月以上経過してから育休が開始されるのです。当然一カ月前に申請しておくことに困難はありません。

しかし男性には産休がなく、いきなり育休の取得日を決めなくてはなりません。妻の出産日が早まるのか遅れるのか分からない中で育休を開始する日を一カ月前に申請するため、「様々な会議等を調整してもらっておいて、日程がずれた場合は周囲に迷惑をかけて申し訳ない」と考えます。そして結局、申請しないまま出産当日を迎えてしまうことになります。その後、取り急ぎ有給の消化で休める範囲で数日の休暇を取ったら、すぐに以前通りの生活に戻ってしまうケースが多いのです。それには、こうした申請の仕組みが一つの原因になっています。

一カ月前申請が設定された当時は、育休といえば女性が「長期で」取得するものでしたので「代替要員」が必要でした。そのため使用者団体からの要請で、少なくとも一カ月前に休業開始日を把握する必要があるとされたのです。こうした、取得者が女性であることを前提とした育休制度の名残りを今でもなお、引きずっているのが現行制度です。本来であれば、男性育休を制度化したタイミングで、こうした規定も見直すべきでした。

たとえば八週間未満の育休の場合は、事前に開始日と終了日を厳密に決める必要はなく、出産予定日を申請しておくことで配偶者の出産日以降に確定すれば良い、とするなどの改定が必要です。

提言⑤　男性の産休を新設し、産休期間の給付金を実質100％へ

取得率が上がらない大きな要因の一つに、家計の柱である夫の育休は、収入減になるという不安があります。育児休業給付金は給与の67％を補償します。ずいぶん少ないという印象があるかもしれませんが、この時期には社会保険料が免除されますので、手取りの約八割を受け取れる計算になります（上限額月額約三〇万円）。

妻の産後うつ発症のピークである産後二週間から一カ月の時期に、夫が支えることが重要ですから、この時期に男性がより安心して休みやすくする仕組みが重要です。そこで、妻に

5-2 「パパ産休」給付額のイメージ

「パパ・ママ育休プラス制度」を利用して
子どもが1歳2カ月に達する日まで育児休業をした場合

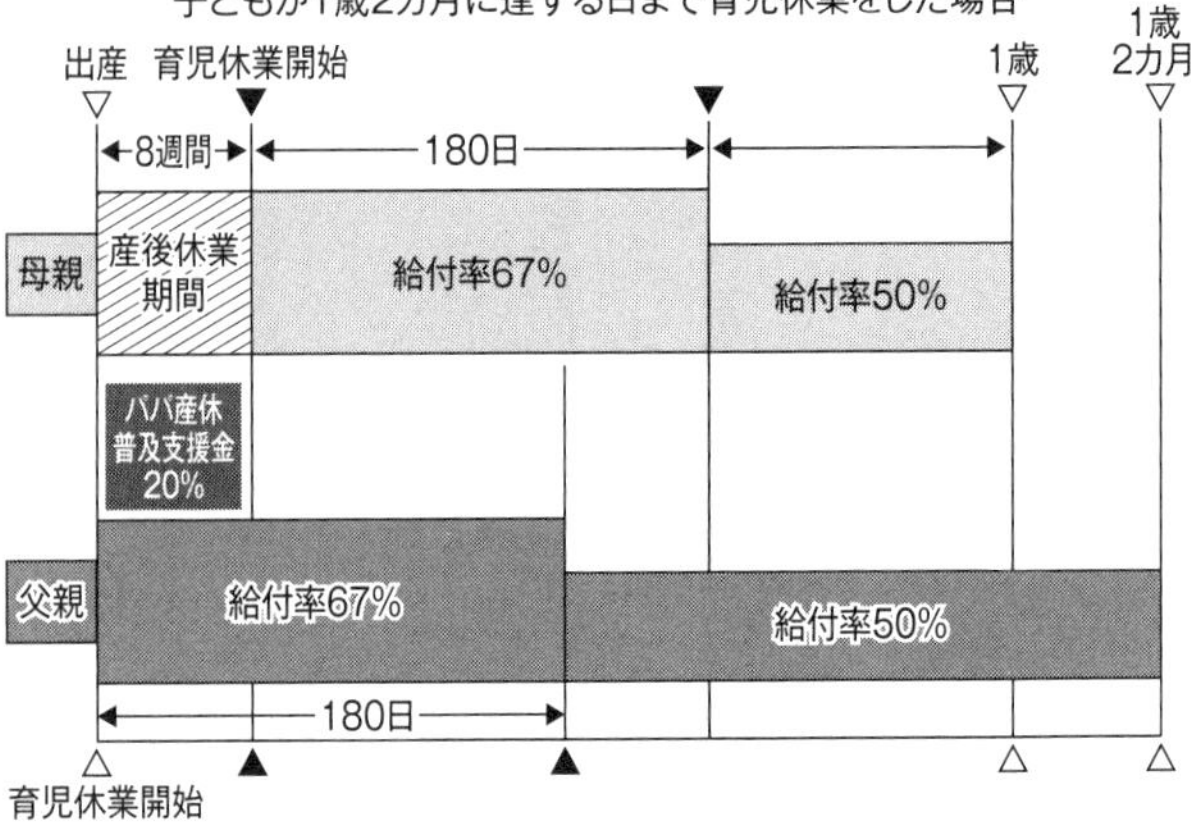

出典：筆者作成

産休があるように、男性においても**産後八週間を「パパ産休」**とし、育児休業給付金ではカバーしきれない**残りの20％も「パパ産休普及支援金」などの名称で上乗せ**し、支給される仕組みにするのが良いでしょう（図5−2）。これで実質、手取りの100％が支給されますから、逡巡することなく、育休を取ることに踏み出していけるはずです。

財源の問題もあることから、こちらも二〇二五年までの時限立法にしてスピーディに進めていくといったことが必要でしょう。

実は「男の産休」に関しては、政府の「育休のあり方検討ＰＴ」の中でも支持する方々が多く、実現する可能性が極めて高い状況です。仮称「パパ産後休暇制度」と名づけられ、妻の産後二週間を目処に、現行の育児休業の手続きを緩和して申請できるような枠組みで検討が進んでいます。期間も短期間を想定し、給付額も多くなる「男の産休」の新設は、「子どもの誕生時は男性も仕事を休む」ということが当たり前になる空気が醸成されるきっかけになっていくことでしょう。

さらにもう一点重要なのが、給付金の上限額です。現在上限は月額約三〇万円ですが、そちらも**月額三四万円程度まで引き上げる**と、月収が四二万円程度の人まで手取りの変化がほぼない形が作れます。

ちなみに、平成三〇年度の男性給与所得者の平均給与が五四五万円（国税庁「平成三〇年分民間給与実態統計調査」より）ですので、ボーナス一カ月分が年間一回支給されると仮定すると、月収約四二万円です。給付率実質100％・給付金上限月額三四万円を実現できれば、平均的な年収の男性社員にとって収入減とはなりません（もちろん、高額年収を得ている方は全額補償はされないことに注意が必要です）。

月収が四二万円程度以下である割合は全所得者の62・4％（厚生労働省「平成三〇年度国民生活基礎調査」より）ですので、約六割の人にとって、実質100％給付となる制度です。この

「パパ産休普及支援金」の一つ目のメリットは、ここまで述べてきたように、金銭的な不安を払拭することができるという点です。二つ目が、**男性が育休を取得する時期を早めることができる**という点です。多くの男性が、育休を取ろうか取るまいか逡巡しているうちに、取得できる期間が終わってしまい、取らずじまいになっています。「収入が100％補償される産後八週間以内に取らないと損だ」というタイムリミットを設定することで、**夫婦での話し合いが先送りにならない**ことが期待されます。

ちなみに、男性への給付率を実質100％に引き上げることに対して、「現在、女性の育休給付金が実質80％（67％給付）であるのに、それよりも多いのは不平等だ」という意見も出てくるかもしれません。しかし、男性育休の取得率がクリティカル・マス（ある商品やサービスが爆発的に普及するために必要な普及率の割合）と言われる30％を超えるまで、男性へのインセンティブを付与していくことが、最も効果的なことなのです。

このクリティカル・マスという考えは、ジェンダー平等を掲げる諸外国が実施している「クオータ（割り当て）制」と類似しています。クオータ制とは、経済や政治分野において、意志決定の場に一部の属性の偏りが生じないようにする割り当て制度です。代表的なのが、議会におけるジェンダーギャップを解消するために、一定の議席数や候補者数を女性に割り当てる制度です。経済分野でも、上場企業の役員男女比率でどちらかが40％を切った場合は上場廃止になる、といった制度を導入している国もあります。

要するに、何らかの社会的不均衡を自然に任せて解消するには時間がかかり過ぎるため、クオータ制という制度で不均衡是正のスピードを上げているのです。社会を変えていくためには、男女ともにお互いがある種の〝不平等〟を受け入れ、「ポジティブ・アクション（実質的な機会均等を実現することを目的とする暫定的特別措置）」を図ることにより、社会の土壌改良を行なう必要があるという考え方です。

「パパ産休」が一般化すれば、男性の家庭進出が加速するでしょう。すると結果的に女性の負担軽減につながり、**長期的視野で見るとむしろ男女間の不平等が解消される取り組み**になるのです。

提言⑥　半育休制度の柔軟な運用

第1章の「誤解7」でも紹介しましたが、意外と知られていないのが、育休中であっても「一時的・臨時的」な場合に限り、労使の合意があれば月一〇日以下、月一〇日を超える場合は**月八〇時間まで働ける制度**です。筆者たちは「半育休」と呼んでいて、この制度の普及や柔軟な運用を可能にすることで、より男性が育休を取りやすくできると思っています。この制度は現在は、労働者保護の観点から「一時的・臨時的」な仕事の場合のみ認められると定められており、毎月の定例会議への参加など、「定期的」な予定の場合は認められていません。

ただ、育休取得を希望する人たちの中には、部長会議・課長会議などの**定例会議に穴をあけることが育休取得へのハードルになっているケースも多い**のです。そうした会議への出席さえできれば、部署の部下への負荷を下げることになるため、育休取得の心理的ハードルが下がるでしょう。ですから「一時的・臨時的」業務以外でも、本人からの希望があれば八〇時間以内の範囲でもう少し柔軟に業務ができる制度にするべきだと考えます。

とはいえ「一時的・臨時的」の文言を除いた場合、育休中の社員が不本意に八〇時間を超える量の業務を強いられることも懸念されます。雇用主である企業組織と、被雇用者である従業員の関係においては、必然的に従業員の立場が弱くなる場合が多く、「一時的・臨時的」の文言を除くことで労働者へのハラスメントが起きる危険性があるからです。**あくまでも、本人が希望する場合のみ、そして上限は八〇時間以内で**働くことができるというところは守られる仕組みが必要です。

この制度が実現すると、女性も産休・育休という長いブランク期間からの復帰に際して、部分的に就労できることで精神的・体力的な負担を軽減することが可能となります。急な生活環境の変化により、復帰後に自分や子どもが体調を崩す、または退職してしまうケースも今まで多く見られました。子どもが障がいをもって生まれた場合なども、「果たして以前のように働けるのか不安」という声も多いのです。数時間の勤務から始め、徐々に勤務時間を増やし、復帰していくことで負担を減らすことにつながり、女性活躍推進を支えることにもなります。

提言⑦ 育休を有効に活用するための「父親学級」支援策

男性育休義務化の議論が活性化するにつれ、意外にも多くの女性から反対の声が聞かれるようになりました。それは「男性が育休を取っても意味ない（役に立たない）でしょう？」というものでした。男性が育休を取得しても、家でゴロゴロしていて妻の負担がかえって増えたというのは実際によく聞く声ですが、第1章でも触れたように、その原因の一つとなっているのが、**男性が育児家事能力を習得する機会の少なさ**です。自治体に向けたガイドラインでは、母親学級と父親学級の両方を提供するべきとなっていますが、実際には母親学級しか実施していない自治体も多く、父親学級の内容も「妊娠中のサポートと、お産に立ち会う方法」までで終わりといったケースが多いのです。というのも、自治体主催の両親学級は助産師資格のある方に講師を委託していることが多いので、どうしても内容が「無事に産むまで」にフォーカスされてしまいます。また、父親学級の開催が平日で、男性労働者が参加しにくいケースも多いようです。

今回の男性育休義務化の制度改革を行なう際は、育休を夫婦にとって真に有効なものとできるように、各自治体に父親学級の開催を義務付けることがセットで必要でしょう。その内容も「妊娠・出産」のみにフォーカスするのではなく、その後の継続した育児の協力を夫婦でどう乗り切っていくのか、**父親にどんな活躍が求められているのかという具体的なプログラム**へ改定していくべきだと思います。ＮＰＯ法人ファザーリング・ジャパンの塚越学さんが講師を務める大田区の両親学級はすでにそういった内容になっていて、大変好評です。こうした前例はあるのですから、全国のスタンダードにしていくと良いでしょう。

さらに筆者たちが提言するのが「企業主導型父親学級」です。現在、一部の企業では、従業員のために自社内に保育施設を用意したり、保育枠の一部を地域住民のために用意したりする「事業所内保育所」や「企業主導型保育所」の仕組みを導入しています。国からの補助金ももらえるため、企業主導型保育所は急速に拡大しています。「企業主導型父親学級」もそれと同じように、企業の会議室等でランチタイムなどに父親学級を行ない、政府からその費用の助成が受けられる仕組みを作ると良いでしょう。仕事の合間に参加できることで、男性が出席しやすくなりますし、企業側も従業員の男性の意識を向上させて、育休取得率を高めることができます。第4章で紹介した男性育休100％宣言企業では、既に企業主催で父親学級を開催する動きなども活発になってきています。こうした動きをより加速するためにも「企業主導型父親学級」を、「くるみん」や「えるぼし」などの認定マーク取得の際にプラスに評価する加点ポイントとするのも効果的でしょう。

以上、本章では筆者たちの具体的な提言を解説しました。

男性育休義務化議連からＰＴへと、自民党内での検討が進み、いよいよ大詰めという時にコロナ騒動となり、厚労省はコロナ対策に追われて、政府の男性育休義務化の検討プロセスはすっかり停滞したように見えました。ところが、コロナ危機を経て内閣府が行なった意識調査の結果は「家族の重要性をより意識するようになった」と回答した人が五割となりました。特にテレワークを経験した人の七割が「仕事より生活を重視すると考えるようになった」という結果になり、結果として今まで以上に、家族のための時間を選択したいという意欲が社会全体で高まってきているのです。この流れを受けて、検討が再始動しています。

本書の原稿をほぼ書き終えた二〇二〇年七月二六日、東京読売新聞朝刊に「夫も産休創設へ　妻の出産直後対象」という独自記事が出ました。記事は「政府は、男性の育児参加を促すため、妻の出産直後の夫を対象とした新たな休業制度を創設する方針を固めた。現在は母親にしか取得が認められていない産休制度の父親版と言える措置で、育児休業よりも休業中の給付金を手厚くし、家計の収入減を抑えることも検討している。政府は秋から制度設計に着手し、来年の通常国会に育児・介護休業法などの改正案を提出する方針だ」というもので、二〇二一年の通常国会で法案提出という具体的な時期が示されたことは、大きな前進です。

また、別の角度からも男性育休の有用性が示されました。二〇二〇年三月から六月にかけて弊社が行なった「コロナ禍における政府・省庁の働き方に関する実態調査」で、四八〇人の官僚アンケートからあぶりだされたのは、コロナ禍においても国会議員が官僚に対面での説明を求めて「密」な会議室に呼びつけたり、ＷＥＢ会議やテレワークに一部の省庁の幹部が反対したりといった現状でした。民間企業に、テレワークで働く社員の割合を七割まで高めるよう要請しながらも、政府・省庁は従来の働き方を変えられていなかったのです。

その中で、WEB会議やテレワークの実施率が群を抜いて高かったのが環境省でした。理由を若手職員にヒアリングすると「二〇二〇年一月に小泉進次郎環境大臣が育休を取得した際、自宅から会議に参加する大臣に合わせて、幹部も全員WEB会議にせざるを得なかった。最初は戸惑っていたが、次第に慣れて当たり前になっていったことで、今回のコロナ禍においても、職員が速やかにWEB会議やテレワークを実践できた」とのことでした。

本書でも示してきた「役職が高い男性が育休を取ることは、その職場での波及効果が大きい」という研究結果を、まさに実証したような結果です。当初は「大臣が育休を取る」ことに対して世論の賛否両論がありました。しかし、組織に多様な働き手がいることで、働き方にイノベーションが起こり、それが結果として危機管理、BCP（事業継続計画）にもつながるということが示されたのではないかと思います。

ここにまとめた提言は、まさに議論が動いている最中ですから、今後も政策にぶつけ続けていきます。

新しい政策を実現するには国民一人一人が関心を持って議論に参加し、政策の結果を検証していくことが必要ですので、その検証材料として本章が役立つことを願っています。

おわりに

男性育休義務化への原点

そもそも、なぜ筆者天野が「男性育休を義務化すべき」という結論に至ったのか。本書で語りきれなかった原点を、最後に記したいと思います。

二〇一六年二月。子どもを保育園に入園させることができなかった母親が匿名で投稿したブログ「保育園落ちた日本死ね」が世間を賑わせていた時期、筆者は第三子の出産を控えていました。同じ頃、友人の一人が保育園に落選。彼女が「市に陳情を出す！」と言い始めたことがきっかけで、筆者も引きずり込まれる形で陳情チームに参画することになりました。

陳情の成果なのかは分かりませんが、その後、市は新しい保育園の建設計画を発表。喜んでいたのも束の間、近隣住民の反対などの障壁があり、建設計画は頓挫《とんざ》してしまいました。

そんなやり切れない気持ちが原動力となり、私が現在代表を務めている「みらい子育て全国ネットワーク」の前身である「希望するみんなが保育園に入れる社会をめざす会」を起ち上げました。世論を変えていくためには、もっと当事者が発信することが必要だと考えたためです。特定の政党のバックアップや企業からの支援を受けることなく、全て手弁当・ボランティアで運営する会です。

時流の追い風もあり、そんな草の根活動を見てくださっていた人たちからお声がかかり、国会で参考人として陳述したり、テレビやラジオに出演したりと、活動の幅が広がっていきました。発信を続けて行くうちに、同じ思いを持った仲間が吸い寄せられるように集まり、仲間が増えていきました。

メンバーの属性も様々で、男性メンバーもいれば、独身の者、大手企業に勤める者、失業を経験した者、社会起業家、専業主婦、公務員まで、多様性のあるチームになりました。共通するのは、自身や身近な人が、待機児童問題に直面したことをきっかけに価値観が変わった経験を持つことです。

勉強や仕事は、自分が努力したら結果が出る。一方で、保活（子どもを保育園に入れるために活動すること）は努力しても報われないのはなぜか。保育園に入れなかった時に、女性ばかりが育休を延長するのはおかしいのではないか。性別役割分業は、出産を機に生まれているのではないかなど、待機児童問題の解決に向け、議論を重ねる日々が続きました。

その中で、待機児童問題が四〇年も解決していないことへの一つの解として浮上したのが、「待機児童問題を女性の問題に矮小化しないこと」でした。待機児童の両親の多くは共働きです。つまり、父親側である男性にとっても大きな問題であるはずなのに「育児は男性の問題でもある」という認識がなかったのではないか。ゆえに、まず男性に女性と同じように家庭に関わってもらう、つまり、「男性の家庭進出」、さらには「家庭活躍」を進めていく必要があると考えました。

しかし、どうしたら「男性の家庭進出」を実現できるのだろうか。世界的にも「ジェンダーギャップ指数」が一五三カ国中一二一位（「Global Gender Gap Report 2020」）と、飛び抜けて低い日本。そんな状況で、「男性の家庭進出」を浸透させるのがどれほど難しいか。そんな答えの見えない課題に頭を悩ませていた矢先、一人の男性メンバーがポツリと言いました。「男性の育休……義務化？」。彼自身、半分思いつきで発した言葉だったようですが、皆、じわじわと驚きから納得へと変わっていき、「確かに義務化したら社会は大きく変わるかもしれない」「今必要なのは男性育休の義務化なのでは」と、確信に変わっていきました。この気づきが、私が男性育休義務化の活動を始めた原点です。

その頃、企業への働き方改革コンサルティングの傍ら、残業時間の上限規制への働きかけなど政界や財界に対して活動を続けてきた小室淑恵と、「男性育休義務化」という共通のゴールを持っているから、とつないでくれたのが、認定NPO法人フローレンス代表理事の駒崎弘樹さんでした。

初めて三人で集まったのは二〇一九年一月。フローレンスの窓のない会議室で、秘密結社のごとく「男性育休義務化プロジェクトチーム」を結成。それ以来、国会議員の方々とともに男性育休推進を目指した議連の設立を支援するなど、「男性育休」の義務化に邁進してきました。

一人の育休取得が、社会全体を変えるきっかけに

活動を進めていくうちに、二〇～三〇代の男性から、「育休を取りたい気持ちはあるが、今の会社で取得することは現実的ではない」という声が多く届くようになりました。そんな当事者にこそ、この本を上司に渡してほしいものですが、「取得できない」と考えてしまう理由も、筆者は非常によく理解できます。なぜなら、筆者の夫が同じ理由で取得しなかった当事者だったからです。筆者は夫の育休取得を後押ししなかったことを徐々に後悔するようになり、その思いは年々強くなる一方です。

筆者には三人の娘がいるため、夫は育休を取得するチャンスが三回ありました。結婚当時お湯を沸かすのが精いっぱいだった夫。最初の子は夫が帰ってくると、泣いて筆者から離れませんでした。第二子が生まれた時も同じでした。ただ、第三子が生まれ、筆者の右手と左手が、第一子と第二子で埋まっていたことから、第三子は夫の腕へ。それまで二人の子どもたちは「ママがいい」としか言ったことがありませんでしたが、第三子にして夫は初めて

「パパがいい」と言われるようになりました。

そこから夫は変わり、日常的に家事や育児をするようになりました。九年の月日を経て、ワンオペ育児から解放され、夫の〝家庭進出〟が進んだ今、こんな思いが胸中を去来します。「もし、第二子が生まれた時に夫が育休を取っていたら、もっと早く二人で育児をすることができ、九年間も苦労することはなかったのではないか。会社員としてのキャリアを諦めることもなかったのではないか……」。

何より、こんな風に思うのです。もし、一二年前に夫が、当時会社で初の男性育休取得者になっていれば、続く後輩の男性たちが育休を取得しやすくなり、男性社員の育休取得率が上がっていたのではないか。そうして、夫の勤め先が男性でも当たり前に育休を取れる会社になっていたのなら、彼らの妻たちは仕事を諦めずに済み、彼女たちが現在も活躍していた可能性はないか。そうした動きが社会全体に広がれば、もっと誰もが働きやすい社会になっていたのではないか……。

夫の育休取得を後押しする。社会全体で見たらとても小さな行動が、もしかしたら社会を前進させる一歩になっていたかもしれない。その芽を自分が摘んでしまったのではないか、という後悔が、今の筆者の活動の原動力にもなっています。

個人の選択が社会を良くすることにつながる世界へ

夫の選択は、当時の社会情勢や会社での立場などを考えると、最善の選択だったのかもしれません。

しかしながら個人がその時々に選択した「最適解」は、時に気づかないうちに社会的な負の構造の再生産に加担してしまう場合があります。たとえば、筆者が二〇代だった頃は「セクハラを笑ってうまくいなす」ことが働く女性として会社で生き抜く術でした。男性中心社会でセクハラが容認される会社風土が存在していたことが背景にあり、セクハラを笑っていなすという「個人の最適解」が唯一の解決策になっていたからです。でも今になって「あの時自分が声を上げていれば、その後、後輩の女性社員が嫌な思いをしなくて済んだかもしれない」とも思うのです。

何より、本書で見てきたように、男性の育休取得は個人のみならず社会全体にとって、様々なメリットをもたらします。今求められているのは、育休取得を希望する男性が逡巡なく育児に参画できる仕組み、そして負の構造が再生産されてしまう社会を転換させることです。

男性育休は皆が幸せになる社会への第一歩です。従来のシステムを再生産させないためにも、個人にできることはたくさんあります。あなたが男性育休の当事者ではないとしても、取得を希望する同僚や部下・後輩・先輩社員を応援したり、SNS等で好意的な意見を発信したりすることができます。投票行動で示すこともできます。そうすることで、誰しもが社会を変える「チェンジメーカー」になれるのです。この本をきっかけに、ぜひ読者のお一人お一人が少しだけ社会を良くするチェンジメーカーになっていただけたら幸いです。

最後に、「みらい子育て全国ネットワーク」のプロボノメンバーの皆さん、取材にご協力してくださった男性育休取得者の方々やその上司の方々、PHP研究所の編集者・大岩央さん、原稿執筆に伴走してくれたライターの児玉真悠子さん、共著者として数多くの気づきをくれた小室淑恵さんと、サポートをしてくださったワーク・ライフバランス社の皆さん、筆者たちとともに奔走してくださった、森まさこ法務大臣、松川るい参議院議員、和田義明衆議院議員、政府統計などご指南いただいた内閣府の土岐祥蔵さん、社会保険労務士法人グラース代表の新田香織さん、何より筆者二人を引き合わせてくれた駒崎弘樹さんに心からの感謝を伝えたいと思います。

そして、いつも典型的事例として引き合いに出しても了承してくれる心の広い夫と、多くのことを教えてくれる三人の子どもたちへ大きな愛と感謝を伝えます。いつもありがとう。

天野　妙

参考文献・記事一覧

小室淑恵、駒崎弘樹『2人が「最高のチーム」になる　ワーキングカップルの人生戦略』（英治出版）
佐藤博樹、武石美恵子『男性の育児休業　社員のニーズ、会社のメリット』（中公新書）
シェリル・サンドバーグ『LEAN IN（リーン・イン）　女性、仕事、リーダーへの意欲』（日本経済新聞出版）
髙崎順子『フランスはどう少子化を克服したか』（新潮新書）
デービッド・アトキンソン『新・生産性立国論』（東洋経済新報社）
ポール・クルーグマン他『未完の資本主義　テクノロジーが変える経済の形と未来』（PHP新書）
山口慎太郎『「家族の幸せ」の経済学　データ分析でわかった結婚、出産、子育ての真実』（光文社新書）
『就職四季報　総合版　2015』東洋経済新報社

「妊産婦の死因、自殺が最多　2年間で102人　厚労省研究班」朝日新聞　二〇一八年九月六日朝刊
「男性の育児休業取得促進に関する施策の国際比較―日・米・英・独・仏・スウェーデン・ノルウェー」
濱口恵、レファレンス八〇〇号（日本図書館協会）
「大和証券が1万人テレワークを一斉にできた訳」東洋経済オンライン二〇二〇年五月一四日記事
「男性就活生9500人が選ぶ「就職人気ランキング」」東洋経済オンライン二〇二〇年五月一七日記事
「EEOC Targets Parental Leave Policies For Gender Discrimination」JDSUPRA　二〇一九年六月一九日

記事

「男性育休は家庭にメリット大　でも広がらないのはなぜ」　山口慎太郎、日経ＤＵＡＬ　二〇二〇年六月五日記事
「『生き生き働ける』人とは？　組織とは？　～人と組織の探求者の視点に学ぶ～　第20回「ダイバーシティ」　入山章栄氏」リクルートワークス研究所　二〇二〇年一月三〇日記事
「YouTube創業者、初めてアップしたのは『猫動画』」ＩＴ ｍｅｄｉａ Ｎｅｗｓ　二〇〇七年一〇月二六日記事
「『強制転勤は生産性が落ちる』サントリーＨＤ新浪社長語る　男性育休義務化とパタハラ」ハフポスト　二〇一九年七月二五日記事
「『激務』だったはずのリクルートで男性の育休が必須化　やってみたらどうなった？」ハフポスト二〇一九年一月三〇日記事
「男性が育休を取りづらい〝空気〟の正体は？　それはきっと変えられる。」ハフポスト　二〇一九年一〇月二四日記事
「男の育休 普及阻むのは」毎日新聞　二〇一九年一一月五日記事
「積水ハウス、男性社員「育休取得」義務化２カ月　制度は機能している？　利用者の声を聞く」オトナンサー　二〇一八年一〇月三〇日記事
「男性育休を考える②社内独自制度　取得率１００％」京都新聞二〇二〇年七月四日夕刊
「「パタハラ」炎上、家庭へ配慮欠く？　「育休明けの夫に転勤内示」波紋」日本経済新聞二〇一九年六月一三日朝刊

「育休で「不当に休職命令」、証券会社の男性、仮処分申し立て」日本経済新聞二〇一七年一〇月二七日朝刊
「「パタハラ」訴訟判決　原告が敗訴、控訴へ「男性の育休進むきっかけに」」毎日新聞二〇二〇年四月三日記事
「育児休業明け、嫌がらせで提訴　アシックス男性社員」日本経済新聞二〇一九年六月二九日記事
「【直撃】今も午後3時に退社、パタハラでアシックスを訴えた男性のその後」ビジネスインサイダージャパン　二〇一九年一一月一九日記事
「育休で和解金5．5億円　米銀男性社員、取得少なく」日本経済新聞二〇一九年五月三一日夕刊
「三菱電機子会社　社員が過労自殺　労災認定」東京読売新聞二〇一九年一一月二三日朝刊
「自殺、三菱電機社員のメモ公開　上司から「殺すからな」、母印も」朝日新聞二〇一九年一二月一九日朝刊
「米エスティ ローダー社、育休の男女不平等で提訴も1億2000万円で和解」ファッションネットワーク　二〇一八年七月二三日記事
「育休　男女の別なく　制度見直せば「常識」に（ダイバーシティ進化論）」日本経済新聞二〇二〇年二月三日朝刊

構成——児玉真悠子

【著者略歴】

小室淑恵［こむろ・よしえ］

株式会社ワーク・ライフバランス代表取締役社長。資生堂を退社後、2006年に株式会社ワーク・ライフバランスを設立。1000社以上の企業や自治体の働き方改革コンサルティングを手掛け、残業を削減し業績を向上させてきた。その傍ら、残業時間の上限規制を政財界に働きかけるなど社会変革活動を続ける。著書に『働き方改革 生産性とモチベーションが上がる事例20社』(毎日新聞出版)、『プレイングマネジャー「残業ゼロ」の仕事術』(ダイヤモンド社)他多数。ワーク・ライフバランスコンサルタント養成講座主催。

天野　妙［あまの・たえ］

株式会社Respect each other代表、みらい子育て全国ネットワーク代表。日本大学理工学部建築学科卒業。株式会社リクルートコスモス(現コスモスイニシア)等を経て、性別・役職・所属・国籍に関係なく、お互いが尊敬しあう社会づくりに貢献したいと考え、起業。ダイバーシティ／女性活躍を推進する企業の組織コンサルティングや、研修など、企業の風土変革者として活動する傍ら、待機児童問題をはじめとした子育て政策に関する提言を行う政策起業家としても活動中。

PHP新書

PHP INTERFACE
https://www.php.co.jp/

男性の育休

家族・企業・経済はこう変わる

(PHP新書 1233)

二〇二〇年九月二十九日　第一版第一刷

著者――小室淑恵・天野　妙
発行者――後藤淳一
発行所――株式会社PHP研究所
東京本部――〒135-8137 江東区豊洲5-6-52
第一制作部PHP新書課 ☎03-3520-9615(編集)
普及部 ☎03-3520-9630(販売)
京都本部――〒601-8411 京都市南区西九条北ノ内町11
組版――有限会社メディアネット
装幀者――芦澤泰偉+児崎雅淑
印刷所
製本所――図書印刷株式会社

ISBN978-4-569-84701-6

ＰＨＰ新書刊行にあたって

「繁栄を通じて平和と幸福を」(PEACE and HAPPINESS through PROSPERITY)の願いのもと、ＰＨＰ研究所が創設されて今年で五十周年を迎えます。その歩みは、日本人が先の戦争を乗り越え、並々ならぬ努力を続けて、今日の繁栄を築き上げてきた軌跡に重なります。

しかし、平和で豊かな生活を手にした現在、多くの日本人は、自分が何のために生きているのか、どのように生きていきたいのかを、見失いつつあるように思われます。そして、その間にも、日本国内や世界のみならず地球規模での大きな変化が日々生起し、解決すべき問題となって私たちのもとに押し寄せてきます。

このような時代に人生の確かな価値を見出し、生きる喜びに満ちあふれた社会を実現するために、いま何が求められているのでしょうか。それは、先達が培ってきた知恵を紡ぎ直すこと、その上で自分たち一人一人がおかれた現実と進むべき未来について丹念に考えていくこと以外にはありません。

その営みは、単なる知識に終わらない深い思索へ、そしてよく生きるための哲学への旅でもあります。弊所が創設五十周年を迎えましたのを機に、ＰＨＰ新書を創刊し、この新たな旅を読者と共に歩んでいきたいと思っています。多くの読者の共感と支援を心よりお願いいたします。

一九九六年十月

ＰＨＰ研究所

888 日本人はいつ日本が好きになったのか　竹田恒泰
896 著作権法がソーシャルメディアを殺す　城所岩生
897 生活保護vs子どもの貧困　大山典宏
909 じつは「おもてなし」がなっていない日本のホテル　桐山秀樹
915 覚えるだけの勉強をやめれば劇的に頭がよくなる　小川仁志
919 ウェブとはすなわち現実世界の未来図である　小林弘人
923 世界「比較貧困学」入門　石井光太
935 絶望のテレビ報道　安倍宏行
941 ゆとり世代の愛国心　税所篤快
950 僕たちは就職しなくてもいいのかもしれない　岡田斗司夫 FRREx
962 英語もできないノースキルの文系は これからどうすべきか　大石哲之
963 エボラvs人類 終わりなき戦い　岡田晴恵
969 進化する中国系犯罪集団　一橋文哉
974 ナショナリズムをとことん考えてみたら　春香クリスティーン
978 東京劣化　松谷明彦
981 世界に嗤われる日本の原発戦略　高嶋哲夫
987 量子コンピューターが本当にすごい　竹内 薫／丸山篤史［構成］
994 文系の壁　養老孟司
997 無電柱革命　小池百合子／松原隆一郎
1006 科学研究とデータのからくり　谷岡一郎
1022 社会を変えたい人のためのソーシャルビジネス入門　駒崎弘樹
1025 人類と地球の大問題　丹羽宇一郎
1032 なぜ疑似科学が社会を動かすのか　石川幹人
1040 世界のエリートなら誰でも知っているお洒落の本質　干場義雅
1044 現代建築のトリセツ　松葉一清
1046 ママっ子男子とバブルママ　原田曜平
1059 広島大学は世界トップ100に入れるのか　山下柚実
1065 ネコがこんなにかわいくなった理由　黒瀬奈緒子
1069 この三つの言葉で、勉強好きな子どもが育つ　齋藤 孝
1070 日本語の建築　伊東豊雄
1072 縮充する日本 「参加」が創り出す人口減少社会の希望　山崎 亮
1073 「やさしさ」過剰社会　榎本博明
1079 超ソロ社会　荒川和久
1087 羽田空港のひみつ　秋本俊二
1093 震災が起きた後で死なないために　野口 健
1098 日本の建築家はなぜ世界で愛されるのか　五十嵐太郎
1106 御社の働き方改革、ここが間違ってます！　白河桃子
1125 『週刊文春』と『週刊新潮』 闘うメディアの全内幕　花田紀凱／門田隆将

1128 男性という孤独な存在　橘木俊詔
1140 「情の力」で勝つ日本　日下公人
1144 未来を読む　ジャレド・ダイアモンドほか［著］
大野和基［インタビュー・編］
1146 「都市の正義」が地方を壊す　山下祐介
1149 世界の路地裏を歩いて見つけた「憧れのニッポン」
早坂　隆
1150 いじめを生む教室　荻上チキ
1151 オウム真理教事件とは何だったのか？　一橋文哉
1154 孤独の達人　諸富祥彦
1161 貧困を救えない国 日本　阿部彩／鈴木大介
1164 ユーチューバーが消滅する未来　岡田斗司夫
1183 本当に頭のいい子を育てる 世界標準の勉強法　茂木健一郎
1190 なぜ共働きも専業もしんどいのか　中野円佳
1201 未完の資本主義
ポール・クルーグマンほか［著］／大野和基［インタビュー・編］
1202 トイレは世界を救う
ジャック・シム［著］／近藤奈香［訳］
1219 本屋を守れ　藤原正彦

［経済・経営］

87 働くひとのためのキャリア・デザイン　金井壽宏
379 なぜトヨタは人を育てるのがうまいのか　若松義人
450 トヨタの上司は現場で何を伝えているのか　若松義人
543 ハイエク 知識社会の自由主義　池田信夫
587 微分・積分を知らずに経営を語るな　内山　力
594 新しい資本主義　原　丈人
620 自分らしいキャリアのつくり方　高橋俊介
752 日本企業にいま大切なこと　野中郁次郎／遠藤　功
852 ドラッカーとオーケストラの組織論　山岸淳子
882 成長戦略のまやかし　小幡　績
887 そして日本経済が世界の希望になる
ポール・クルーグマン［著］／山形浩生［監修・解説］／
大野和基［訳］
892 知の最先端　クレイトン・クリステンセンほか［著］／
大野和基［インタビュー・編］
901 ホワイト企業　高橋俊介
908 インフレどころか世界はデフレで蘇る　中原圭介
932 なぜローカル経済から日本は甦るのか　冨山和彦
958 ケインズの逆襲、ハイエクの慧眼　松尾　匡
973 ネオアベノミクスの論点　若田部昌澄
980 三越伊勢丹　ブランド力の神髄　大西　洋
984 逆流するグローバリズム　竹森俊平
985 新しいグローバルビジネスの教科書　山田英二

998 超インフラ論 藤井 聡
1003 その場しのぎの会社が、なぜ変われたのか 内山 力
1023 大変化――経済学が教える二〇二〇年の日本と世界 竹中平蔵
1027 戦後経済史は嘘ばかり 髙橋洋一
1029 ハーバードでいちばん人気の国・日本 佐藤智恵
1033 自由のジレンマを解く 松尾 匡
1034 日本経済の「質」はなぜ世界最高なのか 福島清彦
1039 中国経済はどこまで崩壊するのか 安達誠司
1080 クラッシャー上司 松崎一葉
1081 三越伊勢丹 モノづくりの哲学 大西 洋／内田裕子
1084 セブン-イレブン1号店 繁盛する商い 山本憲司
1088 「年金問題」は嘘ばかり 髙橋洋一
1105 「米中経済戦争」の内実を読み解く 津上俊哉
1114 クルマを捨ててこそ地方は甦る 藤井 聡
1120 人口知能は資本主義を終焉させるか
齊藤元章／井上智洋
1136 残念な職場 河合 薫
1162 なんで、その価格で売れちゃうの？ 永井孝尚
1166 人生に奇跡を起こす営業のやり方 田口佳史／田村 潤
1172 お金の流れで読む 日本と世界の未来
ジム・ロジャーズ［著］／大野和基［訳］
1174 「消費増税」は嘘ばかり 髙橋洋一
1175 平成の教訓 竹中平蔵
1187 なぜデフレを放置してはいけないか 岩田規久男
1193 労働者の味方をやめた世界の左派政党 吉松 崇
1198 中国金融の実力と日本の戦略 柴田 聡
1203 売ってはいけない 永井孝尚
1204 ミルトン・フリードマンの日本経済論 柿埜真吾
1220 交渉力 橋下 徹

［**知的技術**］

003 知性の磨きかた 林 望
025 ツキの法則 谷岡一郎
112 大人のための勉強法 和田秀樹
180 伝わる・揺さぶる！ 文章を書く 山田ズーニー
203 上達の法則 岡本浩一
305 頭がいい人、悪い人の話し方 樋口裕一
399 ラクして成果が上がる理系的仕事術 鎌田浩毅
438 プロ弁護士の思考術 矢部正秋
573 1分で大切なことを伝える技術 齋藤 孝
646 世界を知る力 寺島実郎
673 本番に強い脳と心のつくり方 苫米地英人
718 必ず覚える！ 1分間アウトプット勉強法 齋藤 孝
737 超訳 マキャヴェリの言葉 本郷陽二

747 相手に9割しゃべらせる質問術　おちまさと
749 世界を知る力 日本創生編　寺島実郎
762 人を動かす対話術　岡田尊司
768 東大に合格する記憶術　宮口公寿
805 使える！「孫子の兵法」　齋藤 孝
810 とっさのひと言で心に刺さるコメント術　おちまさと
835 世界一のサービス　下野隆祥
838 瞬間の記憶力　楠木早紀
846 幸福になる「脳の使い方」　茂木健一郎
851 いい文章には型がある　吉岡友治
876 京大理系教授の伝える技術　鎌田浩毅
878 [実践]小説教室　根本昌夫
886 クイズ王の「超効率」勉強法　日髙大介
899 脳を活かす伝え方、聞き方　茂木健一郎
929 人生にとって意味のある勉強法　隂山英男
933 すぐに使える！ 頭がいい人の話し方　齋藤 孝
944 日本人が一生使える勉強法　竹田恒泰
983 辞書編纂者の、日本語を使いこなす技術　飯間浩明
1002 高校生が感動した微分・積分の授業　山本俊郎
1054 「時間の使い方」を科学する　一川 誠
1068 雑談力　百田尚樹
1078 東大合格請負人が教える できる大人の勉強法　時田啓光
1113 高校生が感動した確率・統計の授業　山本俊郎
1127 一生使える脳　長谷川嘉哉
1133 深く考える力　田坂広志
1171 国際線機長の危機対応力　横田友宏
1186 実行力　橋下 徹
1216 ドラえもんを本気でつくる　大澤正彦

[政治・外交]

318・319 憲法で読むアメリカ史(上・下)　阿川尚之
426 日本人としてこれだけは知っておきたいこと　中西輝政
745 官僚の責任　古賀茂明
826 迫りくる日中冷戦の時代　中西輝政
841 日本の「情報と外交」　孫崎 享
874 憲法問題　伊藤 真
881 官房長官を見れば政権の実力がわかる　菊池正史
891 利権の復活　古賀茂明
893 語られざる中国の結末　宮家邦彦
898 なぜ中国から離れると日本はうまくいくのか　石 平
920 テレビが伝えない憲法の話　木村草太
931 中国の大問題　丹羽宇一郎
954 哀しき半島国家 韓国の結末　宮家邦彦
964 中国外交の大失敗　中西輝政

965 アメリカはイスラム国に勝てない　宮田 律
967 新・台湾の主張　李 登輝
972 安倍政権は本当に強いのか　御厨 貴
979 なぜ中国は覇権の妄想をやめられないのか　石 平
982 戦後リベラルの終焉　池田信夫
986 こんなに脆い中国共産党　日暮高則
988 従属国家論　佐伯啓思
989 東アジアの軍事情勢はこれからどうなるのか　能勢伸之
993 中国は腹の底で日本をどう思っているのか　富坂 聰
999 国を守る責任　折木良一
1000 アメリカの戦争責任　竹田恒泰
1005 ほんとうは共産党が嫌いな中国人　宇田川敬介
1008 護憲派メディアの何が気持ち悪いのか　潮 匡人
1014 優しいサヨクの復活　島田雅彦
1019 愛国ってなんだ　民族・郷土・戦争
古谷経衡［著］／奥田愛基［対談者］
1024 ヨーロッパから民主主義が消える　川口マーン惠美
1031 中東複合危機から第三次世界大戦へ　山内昌之
1042 だれが沖縄を殺すのか　ロバート・D・エルドリッヂ
1043 なぜ韓国外交は日本に敗れたのか　武貞秀士
1045 世界に負けない日本　薮中三十二
1058 「強すぎる自民党」の病理　池田信夫
1060 イギリス解体、EU崩落、ロシア台頭　岡部 伸
1066 習近平はいったい何を考えているのか　丹羽宇一郎
1076 日本人として知っておきたい「世界激変」の行方　中西輝政
1082 日本の政治報道はなぜ「嘘八百」なのか　潮 匡人
1083 なぜローマ法王は世界を動かせるのか　徳安 茂
1089 イスラム唯一の希望の国　日本　宮田 律
1090 返還交渉　沖縄・北方領土の「光と影」　東郷和彦
1122 強硬外交を反省する中国　宮本雄二
1124 チベット　自由への闘い　櫻井よしこ
1135 リベラルの毒に侵された日米の憂鬱　ケント・ギルバート
1137 「官僚とマスコミ」は嘘ばかり　髙橋洋一
1153 日本転覆テロの怖すぎる手口　兵頭二十八
1155 中国人民解放軍　茅原郁生
1157 二〇二五年、日中企業格差　近藤大介
1163 A－監視社会・中国の恐怖　宮崎正弘
1169 韓国壊乱　櫻井よしこ／洪 熒
1180 プーチン幻想　グレンコ・アンドリー
1188 シミュレーション日本降伏　北村 淳
1189 ウイグル人に何が起きているのか　福島香織
1196 イギリスの失敗　岡部 伸
1208 アメリカ 情報・文化支配の終焉　石澤靖治
1212 メディアが絶対に知らない2020年の米国と日本　渡瀬裕哉